我们内心的冲突

[美] 卡伦·霍妮 著 杨柳桦樱 译

OUR INNER CONFLICTS

陕西师范大学出版总社

图书代号：SK21N1734

图书在版编目（CIP）数据

我们内心的冲突 /（美）卡伦·霍妮著；杨柳桦樱译. —西安：陕西师范大学出版总社有限公司，2021.10

ISBN 978-7-5695-2189-4

Ⅰ.①我… Ⅱ.①卡… ②杨… Ⅲ.①精神分析 Ⅳ.① B84-065

中国版本图书馆 CIP 数据核字（2021）第 075294 号

我们内心的冲突

WOMEN NEIXIN DE CHONGTU

［美］卡伦·霍妮 著 杨柳桦樱 译

出版人 刘东风
责任编辑 高 歌
特邀编辑 齐 昕
责任校对 舒 敏
封面设计 王 鑫
出版发行 陕西师范大学出版总社
（西安市长安南路 199 号 邮编 710062）
网 址 http://www.snupg.com
印 刷 北京雁林吉兆印刷有限公司
开 本 787mm×1092mm 1/16
印 张 12
字 数 135 千
版 次 2021 年 10 月第 1 版
印 次 2021 年 10 月第 1 次印刷
书 号 ISBN 978-7-5695-2189-4
定 价 49.00 元

作者序

这本书旨在推动精神分析研究工作的发展。它来自我在精神分析工作中的经验，而这些经验来源于我对病人和自己的分析。这个理论孕育了很长一段时间，直到我在着手准备美国精神分析研究所举办的一系列演讲时，这些观点才最终成形。第一个演讲题目是《精神分析技术问题》（1943），主要是讲这个主题技术方面的问题。第二个演讲题目是《人格的整合》（1944），其中涵盖了这本书所写的内容。还有一些选题——“精神分析治疗中的人格整合”“离群心理”和“施虐倾向的含义”，在医学学会和精神分析促进协会上做过报告。

我希望这本书对那些旨在推动我们理论与疗法的精神分析学家有所帮助。同时也希望他们不仅将本书中的这些观点运用于他们的病人，还能运用于自身。由于我们自身也存在诸多困境，因而在促进精神分析学发展的道路上只得披荆斩棘。如果我们安于现状、墨守成规，那我们的理论势必会陷入空洞和教条。

然而我相信，若是一本书不是只探讨技术问题或抽象的心理学理论，应该会有益于那些想要了解自己、想不断自我成长的人。生活在这个困难重重的人文环境中，大多数人都被这本书中描述的冲突所困扰，他们需要我们所能给予的一切帮助。尽管严重的神经症该由专家来负责解决，但我仍然相信，只要不懈努力，在解决自己内心冲突的这条道路上，我们也能走得很远。

我最感谢的是我的病人们，他们与我共同工作，使我得以更好地理解神经症。我还要感谢我的同事们，是他们的兴趣与共鸣鼓舞了我。不仅是那些在学术方面资深的同事，也包括那些在我们研究所接受训练的年轻同事，他们批判性的讨论发人深省、卓有成效。

我还想提到三位精神分析领域之外的人，他们以自己特定的方式支持了我工作的开展。艾尔文·约翰逊，他让我有机会在社会研究新学院报告我的观点，而那时，弗洛伊德的分析才是唯一得到认可的精神分析理论与实践的流派。我尤其要感谢的是克莱拉·迈耶，她是社会研究新学院哲学与人文系的主任，多年来，她一直对我的工作饶有兴趣并不断鼓励我，要我将研究工作中的新发现和体会拿出来讨论。然后是我的出版商——诺顿出版社，他们的宝贵建议给我的书带来诸多改进。最后且同样重要的，我想向米勒·库恩致谢，感谢他帮助我更好地组织材料，使我能够更清晰地表述自己的观点。

卡伦·霍妮

引　言

不管出发点是什么，不管有多迂回曲折，我们最终必须得出——人格紊乱是精神疾病的源头。同样，几乎对于其他所有心理学发现，我们都可以这么说：这其实是一项再发现。各个时代的诗人和哲学家们都知道，沦为精神紊乱受害者的人，绝不是内心平静、头脑清醒的人，而是那些被内心冲突所折磨的人。用现代的话说，每一种神经症，不管症状表现是什么，都是一种人格性神经症。因此，我们在理论与实践上必须深入了解神经症的人格结构。

实际上，弗洛伊德的开拓性工作也日益聚焦在神经症上，尽管他的遗传学取向使他无法把这个问题阐释得清楚明确。但有些学者一直致力于发展弗洛伊德的研究工作，尤其是弗朗茨·亚历山大、奥托·兰克、威尔海姆·赖希和哈罗德·舒兹汉克，他们更清晰明确地界定了这个概念。然而，他们都不赞同有关人格结构的确切性质与动力的观点。

我的出发点本来就有所不同。弗洛伊德对于女性心理特征的假设使我开始思考文化因素的作用。文化因素明显影响了我们对于男子气或女子气观念的理解，对于弗洛伊德亦是如此，正是因为他没有考虑到这些因素，才得出了某些错误的结论。我对这一主题研究了十五年有余。在某种程度上，这得益于与埃里希·弗洛姆的交往，他在社会学与精神分析学方面知识渊博，由此我愈加注意到，社会因素的意义远远不只停留在女性心理学上。1932 年，我来到美国，这些看法便得到了证实。那时我发现，这个国家的人，在态度和神经症的诸多方面，都与欧洲国家的人不同，而只有文化差异能解释这一点。最后，我在《我们时代的神经症人格》中阐述了我的观点。其主要论点是神经症产生于文化因素，更具体地说，神经症产生于人际关系的紊乱。

在完成《我们时代的神经症人格》的前些年，我走的是另一条研究路径，这条路径在逻辑上沿着早期理论的假设，围绕的是神经症的驱动力问题。弗洛伊德第一个指出，这些驱动力是一种强迫性动力。他认为这些动力在本质上是一种本能，目的在于寻求满足，拒绝接受挫折。因而他相信，它们并不限于神经症本身，而是作用于所有人类。然而，如果神经症是失调的人际关系的产物，弗洛伊德的这个假设就不可能站得住脚。简单说，我在这一点上的观点是这样的：强迫性动力是神经症所特有的动力；它们产生于孤立感、无助感、恐惧和敌意等情感，还反映了在这些感受支配下应对世界的方式；它们的主要目的不是满足，而是安全感；它们之所以具有强迫性这个特征，是因为背后暗藏着焦虑。其中有两种动力——对爱和权力的神经症追求，在减缓焦虑方面最为突出，我在《我们时代的神经症人格》中详细探讨过。

尽管弗洛伊德学说中的基本原理我仍铭记于心，但那时我却意识到，自己在这方面的探索已经与弗洛伊德背道而驰。如果被弗洛伊德视为本能的诸多动机都是源于文化，如果弗洛伊德所说的“力比多”在很大程度上是一种对爱的神经症需要，这种需要产生于焦虑，其目的是与他人在一起时获取安全感，那么“力比多”理论就再也站不住脚了。童年经历依然重要，但它们对于我们生活的影响便会表现为另一番景象，理论上的其他差异也就难免接踵而来。因此，我必须在自己心中弄清楚，对于弗洛伊德，我的立场究竟是什么。由此，澄清的结果便是《精神分析的新方向》一书的问世。

在此期间，我继续探索了神经症的驱动力。我把强迫性动力称为神经症倾向，并在我下一本书中描述了其中十种。那个时候，我还认识到神经症人格结构具有核心意义。我把它当作一种由许多彼此相互作用的微观世界所形成的宏观世界，每个微观世界的中心就是一种神经症倾向。这个神经症理论具有实际用途。如果精神分析主要不在于将我们现有的困难与我们过去的经历联系在一起，而在于解读我们既有人格中种种动力的相互作用，那么只需要一点点，甚至不需要专家的帮助，我们也完全有可能认识和改变自己。面对精神分析师供不应求的现状，自我分析似乎给我们带来希望，让我们能够满足这个至关重要的需求。由于大部分是在处理可能性和局限性以及自我分析的方法，所以我将其命名为《自我分析》。

然而，我并不完全满足于对个体倾向的阐释。我对这些倾向本身已有准确的描述，令我烦恼不已的是，我觉得自己只是简单罗列了它们的独立形态。我可以看到的是，爱的神经症需要强迫性谦卑以及一个形影不离的“同伴”。而我没有看到的是，它们对他人与自我共同呈现出一种基本态度，以及一套特定的生活哲学。这些倾向就是我现在描述为“亲近他人”的核心。我还看到，强迫性地追求权力和威望与神经症妄想之间具有共同之处，它们大致上构成了某些因素，这些因素涉及我所称的“对抗他人”。但是，虽然对于赞美的需要和完美主义动力都具有所有神经症倾向的特征，也影响了神经症患者与他人的关系，但似乎主要影响的是他与自己的关系。同样，对利用他人的需要看起来也不如对于爱或权力的需要那么必需，它的表现没有那么全面广泛，好像它不是一个单独的实体，而出自一个更大的整体。

后来，我的疑问得到了证实。之后那几年，我把关注的焦点转向了冲突在神经症中的作用。我在《我们时代的神经症人格》中说过，神经症是因为矛盾的神经症倾向的冲突而出现的；在《自我分析》中说过，神经症倾向不仅会互相强化，还会制造冲突。然而，冲突一直是个枝节问题。弗洛伊德逐渐意识到了内心冲突的意义，但他把它们视为被压抑和正在压抑的动力之间的较量。我开始注意的冲突是另外一种类型。它们作用于两组矛盾的神经症倾向之间，尽管它们起初是关于对他人的种种矛盾态度，但经过一段时间后，它们还包含了对自我的矛盾态度、对立的性质与价值观。

越来越多的观察结果使我对这些冲突的意义另眼相看。第一个给我留下深刻印象的是，病人对于自身明显的矛盾熟视无睹。当我指出这些矛盾时，他们感到莫名其妙，似乎失去了兴趣。反复经历这种情况之后我意识到，这种莫名其妙所传达的是对于处理这些矛盾的一种深切反感。最后，他们在突然意识到冲突后惊慌失措，这就告诉我，我正在跟“炸药包”共事。病人们有很好的理由逃避这些冲突——它们竭尽全力要把他们撕成碎片。

于是，我开始意识到，虽然他们投入了惊人的精力与智力资源，尝试去“解决”冲突，但结果多少令人绝望，更确切地说，他们在努力否认它们的存在并创建一种伪和谐状态。我看到了四种主要的解决途径，本书会有详细讨论。第一种尝试的解决途径是遮蔽部分冲突，然后将这部分冲突的对立面提升到主导地位。第二种是“远离”他人。神经症离群现在也有新的功能表现。离群是基本冲突的一部分，即原本对于他人的冲突态度之一；但它也是一种解决途径，因为它使得自我与他人之间保持一段情感距离，从而使得冲突无法运作。第三种途径极为不同。它不是远离他人，而是神经症患者自己远离自己。他现实中的自我对他来说多少有点不真实，于是他建立了一个理想化的自我意象来取代现实自我，从而极大地美化了冲突部分，使得冲突不再表现为冲突，而表现为某种丰富个性的不同方面。这个观念有助于澄清许多神经症问题，而这些问题目前是我们的知识和治疗鞭长莫及的。它还将两种之前无法整合的神经症倾向放到适当的范围内来考虑。对于完美的需要，现在表现为要努力达到这个理想的自我标准；追求赞美可以被看作患者需要外部肯定，使他确定自己真的是他那个理想化的意象，而且这个意象距离真实越遥远，这些需要就越贪得无厌。所有解决途径中的理想自我可能都极其重要，因为它对于整个人格具有深远的影响。但反过来，它又会产生新的内心冲突，因此需要进一步的补救。第四种解决途径主要就是力图消除这个新冲突，尽管它也有助于消除所有其他冲突。

通过我所说的外化作用，这些内部过程似乎是在自我之外来进行的。如果理想自我意味着远离现实自我，那外化仍然是一种更激进的分裂方式。它再次制造了新冲突，更确切地说，它放大了原来的冲突——自我与外部世界的冲突。

我之所以把它们称为四种主要的解决途径，一部分是因为它们似乎有规律地在所有神经症中起作用，尽管程度不同；还有一部分是因为它们导致了人格发生深刻的变化。但它们绝不是唯一因素。其他不太具有普遍意义的因素还包括各种策略，如：武断的正确性，主要功能是消除所有内部疑虑；刻板地自我控制，通过纯粹的意志力量使分裂的自我连在一起；愤世嫉俗，通过诋毁所有价值观，消除有关理想的种种冲突。

同时，未消除的冲突的所有后果也逐渐明晰。我看到了由此产生的恐惧、精力的浪费、道德操守不可避免的损伤、繁杂的纠葛所导致的极度绝望等。

在领悟到神经症绝望的意义之后，我才注意到受虐倾向。现在我知道，它是一个对做自己感到绝望的人通过替代性生活来补偿的尝试手段。这样的人对于报复性胜利的欲望是无休止的，我们很容易观察到他全身心地投入施虐倾向中。于是，我开始明白，破坏性剥削需要其实不是一种独立的神经症倾向，而是更复杂的整体病症努力表达自己的一种方式，由于没有更好的词语形容，所以我们称这个整体为施虐狂。

因此，一种神经症理论便这样逐步发展起来，它的动力中心是“亲近”态度、“对抗”态度与“远离”态度各自间的基本冲突。因为一方面害怕被分裂，另一方面又需要作为一个统一体来发挥功能，所以神经症患者不顾一切地努力解决这个问题。一旦他通过制造一种伪平衡来成功解决掉这个问题，新的冲突又源源不断地产生，持续不断地需要进一步的补救措施来消除它们。这种维系统一性的努力使得神经症患者更敌对、更无助、更恐惧，并且更疏远自己和他人，结果便是，引发冲突的那些问题更加尖锐，变得更不可能真正消除。患者最终陷入绝望，也许还试图在施虐中找到一种补偿，但施虐反过来又增加了他的绝望感，并制造了新冲突。

这就是神经症发展和神经症人格结构的悲惨景象。然而，我为何还要称我的理论是一种建设性理论？首先，它消除了不切实际的乐观想象，这种乐观让我们以为只需简单得可笑的手段就可以“治愈”神经症。但它并没有涉及同样不切实际的悲观。我之所以认为它具有建设性，是因为它使我们能够第一时间处理并消除神经症绝望，更重要的是因为尽管它承认神经症纠葛的严重性，但它不但使我们有可能调和这些潜在冲突，还使我们有可能真正消除它们，因而使我们能够达到人格的真正统一。神经症冲突不能靠理性的决策来解决。神经症患者的那些解决方式不仅是掩目捕雀，还是有害无益的。但这些冲突能够通过改变人格内部的相关条件来消除。每一次分析工作都能很好地改变这些条件，因为它能使一个人不再那么无助、那么恐惧、那么敌对，也不再那么疏远自己与他人。

弗洛伊德对于神经症和神经症治疗方面的悲观之处在于，他极其不相信人性的善良和成长。他假设的是，人注定不是受害就是去害人。人的驱动本能只能被控制，最多是“升华”。我个人认为，人既有能力也渴望发展自己的潜力，并成为一个体面正直的人，而且，如果他与别人以及与自己的关系是紊乱的，还持续紊乱下去，那他的能力就会退化。我相信，人只要活着，就能够改变并不断改变。随着对神经症更深入地了解，我的这种想法也逐渐成熟。

OUR INNER CONFLICTS

目　录

第一部分　神经症冲突与解决途径

第二部分 未解决冲突的后果

第一部分

神经症冲突与解决途径

第一章　神经症冲突的辛酸

首先要说的是：有冲突并不意味着有神经症。总有某个时刻，我们的渴望、我们的心情、我们的信念不可避免地会与周围人发生碰撞。正如我们自身与环境之间的冲突是平常事一样，我们自身内部的冲突也是人生不可或缺的部分。

动物的行为绝大部分取决于本能。交配、养育后代、觅食、防御危险等多多少少都有明确规则，并超越个体抉择的。与动物不同，人类有能力做选择，也不得不做决定，这既是人类的特权，也是人类的负担。我们或许不得不在各种背道而驰的愿望中做出决定。譬如，我们在想独处的同时也想和朋友在一起，我们既想学医也想学音乐。或者，愿望与义务之间存在冲突：当有人遇到困难需要我们照顾时，我们可能想要跟爱人在一起。我们可能一分为二，既渴望与他人一致，又觉得应该表达反对意见。最后，我们还可能陷入两种价值观的冲突之中，例如我们认为应该在战时接受危险任务，同时又觉得自己负有家庭责任。

这些冲突的类型、范围和强度很大程度上取决于我们所生活的文化环境。如果这种文化环境是稳定的、传统的，那我们的选择将是有限的，个体可能面临的冲突的范围也是狭窄的。即使如此，我们的生活还是时刻面临着冲突。一种忠诚也许会阻碍另一种忠诚，个人期望可能与集体利益冲突。如果这种文化处于快速变迁的阶段，那么就还兼有高度矛盾的价值观和变化多端的生活方式，个体必须做的抉择也是多种多样且困难重重的。他可以随波逐流，也可以特立独行，可以好交际，也可以避世隐居，可以崇尚成功，也可以对此嗤之以鼻，可以严格教育小孩，也可以让他们无拘无束地成长；他可以相信衡量男女的道德标准是不同的，也可以认为在这个问题上应该一视同仁，可以把性关系视为人类亲密关系的表达，也可以认为它完全与爱无关；他可以鼓励种族歧视，也可以坚持人类价值独立于肤色或鼻型的立场；等等。

毫无疑问，生活在我们的文化中，人们不得不常常做这些抉择，因而我们也能预料到其实这些冲突非常普遍。但令人震惊的是，很多人并没有意识到这些冲突，因此也没有明确要解决它们。那些身处冲突中的人常常飘忽不定，让自己被各种偶发事件所左右。他们不知道自己的立场，不知道自己在妥协，不知道自己陷入矛盾之中。我这里指的是正常人，既不是凡人，也不是完人，而只是指那些没有神经症的人。

那么，必然存在某些前提条件使我们意识到矛盾问题的存在，并使我们在此基础上做出抉择。这些前提有四层。我们必须意识到我们的愿望是什么，或进一步说，必须知道我们的感受是什么。我们是否真的喜欢这个人，还是只是以为自己喜欢这个人？我们是否真的为父母去世而伤心，还是只是走走过场？我们真的想当一名律师或医生，还是只是因为它是一个名利双收的职业？我们是否真的想让我们的孩子幸福和独立，还是只是空口而谈？你会惊讶于自己难以回答如此简单的问题，也就是说，我们并不知道自己的真实感受和渴望。

由于冲突总是与信念、信仰或道德价值休戚相关，所以识别冲突的前提条件是我们要发展出一套属于自己的价值观。接收来的观念并不是我们自己的认知，其力量也不足以制造冲突，或是作为我们决策的指导原则。一旦接收到新的影响，这些观念就很容易因为其他信念而遭摒弃。如果我们只采纳自己环境中的价值观，那么，为了我们利益最大化而本应出现的冲突就不会出现。例如，如果一个儿子从不质疑狭隘父亲的智慧，那么当父亲要求他进入一行不是他自己选的职业时，他也不会产生什么冲突。一个已婚男子与另一个女人相爱，其实是有冲突的，但若他自己还没有建立起与婚姻有关的信念，那他就只会与世沉浮，而不会积极面对冲突然后做出应有的选择。

即使我们意识到这种冲突，我们也必须选择或者放弃相互矛盾的两个问题中的某一个。但能够明确且有意识地放弃是很罕见的，因为我们的感觉与信仰混乱不清，还可能是因为，归根结底，大多数人的安全感和幸福感还不足以有所放弃。

最后，做抉择的前提条件是要有为此承担责任的意愿和能力。这包括做出错误抉择的风险，以及愿意承担后果而不推脱给他人。

其中涉及“这是我的选择，这是我做的事”的感受，以及要比现在很多人拥有更多的内部力量和独立精神。

尽管不愿承认，我们大多人其实都深陷于令人窒息的冲突之中，我们倾向于带着嫉妒和羡慕的眼光去看待一帆风顺的人。这种羡慕也可能是合情合理的。也许那些内心强大的人建立了自己的一套价值观，或随着时间的推移，冲突和做出抉择的需要已经失势，因而他们得到了某种程度的宁静。但表面现象具有迷惑性，更多时候，由于冷漠、顺从或投机，我们嫉妒的那些人并没有能力真正去面对冲突，或真的依据自己的信念消除冲突，因而他们其实只是见风使舵或剜肉补疮。

有意识地去体验冲突，虽然令人痛苦，却可以获得一项非常宝贵的资本。我们越是勇于面对冲突并积极寻求解决办法，我们的内心就越自由，越能得到更多的力量。唯有我们自愿去接受正面冲击时，才可能接近我们的理想，做自己人生的船长。虚假的安宁源于内心的迟钝，根本不值得羡慕。它势必会使我们变弱，进而轻易沦为太多影响的牺牲品。

当冲突的中心是生活的基本问题，就使得我们更加难以面对和消除。但倘若我们积极主动，就没有什么能阻挡我们。教育能够极大地帮助我们更好地认识自己，还能帮助我们建立自己的信念。认识到与抉择有关的种种因素的意义，我们便有了为之奋斗的理想，找到自己的人生方向。[1]

[1] 对于只是对环境压力反应迟钝的正常人，像哈里·福斯迪克的《作为一个真正的人》会很有帮助。——本书脚注若无特殊说明均为原注

认识和消除冲突固然困难重重，而对于神经症患者，这种困难就更是荆棘塞途。神经症，不得不说，往往是一个程度的问题——当我说“神经症患者”时，我总是指“一个人达到了神经症的程度”。对他来说，感受和渴望的意识都处于最低点。通常，他唯一有意识和明确体验到的感受，就是恐惧与恼羞成怒的反应。即便如此，这些感受还可能被压抑。若他真的有真正的理想，这些理想也会被种种强迫性标准所渗透，以至丧失了明确方向的能力。在这些强迫性倾向的影响下，不但对放弃什么感到无力，为自己承担责任的能力更是全然尽失。[1]

神经症冲突可能围绕的是同样困惑正常人的一般性问题。但这些问题的类型截然不同，以至有人会质疑是否能够用相同的词语来表达。不过我相信可以，但我们必须意识到这些差别。那么，神经症冲突的特征是什么？

用一个比较简明的例子来说明：一个工程师与别人合作一项机械学研究，他总是被阵阵疲乏和焦躁所折磨。其中一次起因于下面这件事：在讨论某个技术问题时，他的观点没有像其他同事那样被欣然接纳。不久之后，在他缺席的情况下，决策就制定好了，后面也没给他陈述自己建议的机会。在这种情形下，他原本可以认为这个程序不公正，并据理力争，或者毫无怨言地服从大多数。采用这两种办法都是出于协调的目的。但他都没有。尽管他深感自己被忽视，但他没有反抗。他只意识到自己的烦躁不安。他内心充满了怒

[1] 参见本书第十章。

火，却只表现在梦中。这个被压抑的愤怒（既包括对别人行为的愤怒，又包括对自己懦弱的愤怒）是他疲乏的主要原因。

他之所以没有表现一致是由诸多因素决定的。他给自我建立了一个伟大意象，而这个意象需要别人的敬重来支撑。那个时候，他无意识的是：他的反应只是基于在他的领域没人和他一样聪明能干。任何蔑视都会损害这个前提并激起愤怒。进一步说，他具有无意识的施虐冲动，想要训斥和羞辱他人——这种态度太令他不快了，因而他通过过度友善来掩盖它。这就加剧了剥削他人的无意识动力，使他迫切地想要继续博得他人的欢心。对于获得认可与爱的强迫性需要扩大了他对他人的依赖性，这种依赖构成一种类似于顺从、姑息和回避纷争的态度。因此，他会有这样一种冲突：一方面是具有破坏性的攻击反应——愤怒反应和施虐冲动，另一方面是对爱与认可的需要，而且他希望这些东西能在自己眼里表现得正当合理。结果就是，内心的剧变被忽视了，而疲乏作为外部表现使他动弹不得。

看到冲突中所涉及的这些因素，首先令我们印象深刻的是它们彼此绝对不相容。不可一世地要求别人敬重自己与低三下四地讨好别人，的确很难想象出比这更极端的对立了。其次，整个冲突都是无意识的。其中起作用的矛盾倾向并没有被意识到，而是被深深压抑了。这场饱含盛怒的斗争浮到表面时只剩下几个气泡。情感因素被合理化：这是不公正的，这是一种轻视，我的想法更好。最后，两种方向的倾向都是强迫性的。即使他在理智上感觉自己的要求过分，或感觉到依赖的存在与实质，他也不情愿改变这些因素。要改变这些因素需要相当多的精神分析工作。他被强制性动力两面夹击，失去控制：他不可能放弃任何一种需要，这些需要都是迫切的心理需要。但是，没有哪一种需要是他所真心需要或寻求的。他既不想剥削他人，也不想顺从，事实上，他鄙视这些倾向。不管怎样，这种情势对于理解神经症冲突具有深远的意义，它意味着没有哪个决策是切实可行的。

另一个例证也是如此。一个自由职业设计师正从一个好朋友那里偷钱。偷窃并没有正当的外部理由，虽然他需要钱，而朋友也乐意给他钱（他以前有时也会给朋友钱）。他的偷窃行为之所以特别令人吃惊，是因为他是个注重友谊的正人君子。

这件事的根本原因在于下面这个冲突。他对于爱有明显的神经症需要，尤其是渴望在所有问题上得到关怀。像这样低劣的手段带有剥削他人的无意识倾向，他这么做是想在被他人喜爱的同时又威胁他人。这些倾向本身就已经使他想要接受帮助与支持。但他还发展出一种极端的无意识的傲慢态度，其中涉及与此对应的脆弱自尊。别人应该以能够为他做些什么而感到荣幸，而开口求助对他来说是种侮辱。他厌恶被迫提出要求，而对于独立和自力更生的强烈渴望加剧了这种厌恶，承认自己有所需求是令他无法忍受的事情，或无法忍受把自己置于义务之下。所以他可以取，而不可以受。

这里冲突的内容与第一个例子不同，但基本特征是一样的。并且任何其他神经症冲突的例子都表现出冲突动力的不相容性，以及它们的无意识和强迫性本质，这些冲突动力总是使他们不可能在相互矛盾的问题之间做出选择。

正常冲突与神经症冲突的界限模糊，它们的差异基本在于：相对于正常人，对于神经症患者来说，彼此冲突的问题之间的差异更大。前者必须在两种行为模式之间做选择，任何一种模式在相当完整的人格框架中都是切实可行的。用图形来说就是，正常人所面对的冲突方向只相差 90 度或更小，而神经症患者所面对的却可能达到 180 度。

在意识上，二者也有程度上的差异。正如克尔凯郭尔所说的："真实生活太多元化了，不能仅靠展示诸如完全有意识和完全无意识的绝望这样的抽象对比来描绘。"[1] 然而，我们大可以说：正常冲突可以完全是有意识的，神经症冲突的所有基本要素往往是无意识的。尽管一个正常人可能没有意识到自己的冲突，但只需要稍加提点，他就可以认识到冲突，可是，产生神经症冲突的基本倾向则被患者深深压抑，只能靠克服巨大阻力才能挖掘出来。

正常冲突是关于两种具有可能性的现实抉择，两种都是决策者真的觉得合心意的选择，或是关于两种信念的抉择，两种信念都是他真心看重的。因此，他有可能做出切实可行的选择，尽管可能很难，还需要他有所放弃。陷入冲突中的神经症患者，无法自由选择，他受到两股方向相反、势力相当的强制性动力的驱使，哪个方向都不想选择。因此，从一般意义上来说，他不可能做出选择。他举步维艰，找不到出路。只有通过分析相关的神经症倾向，才可能消除这种冲突，只有通过极力改善他与自己、他人的关系，才能完全摆脱这些倾向。

[1] 索伦 · 克尔凯郭尔:《致死的疾病》，普林斯顿大学出版社 1941 年版。

正是这些特征导致了神经症冲突的辛酸。这些冲突不仅难以识别，而且使人感到无助，还具有一种令当事人恐惧不已的破坏性动力。除非我们认识到这些特征，并牢记于心，才可能弄清患者所竭力尝试的各种解决途径[1]，而这正是神经症的主要构成部分。

[1] 关于神经症患者摆脱冲突所做的努力，我会通篇使用“解决”（solve）这个词。由于神经症患者无意识地否认它们的存在，因而严格地说，他没有尝试“消除”（resolve）它们。他无意识努力的目的是“解决”他的问题。

第二章　基本冲突

冲突在神经症中的重要性往往是超乎想象的。然而，要洞察冲突却非易事，一定程度上是因为冲突在本质上是无意识的，但更多的是因为神经症患者会施展浑身解数去否认冲突的存在。那么，是什么征兆使我们有理由怀疑潜在冲突的存在？在前一章所举的例子中，有两个因素表明冲突的存在，两个例子都相当明显——第一个例子中是疲乏，第二个例子是偷窃。其实每种神经症症状都指向一种潜在冲突，也就是说，每种症状多多少少都是某个冲突的直接后果。我们会逐渐看到，未消除的冲突会给人们带来什么影响，它们如何产生焦虑、抑郁、优柔寡断、怠惰、孤僻等情绪。弄清楚这里的因果关系，有助于将我们的注意力从显性紊乱转向源头——尽管这并不会揭露这个源头的确切性质。

表明冲突在起作用的其他征兆则是自相矛盾的行为。第一个例子中，我们看到这个男人相信决策过程有问题，也相信自己遭受了不公平待遇，却没有表示任何抗议。第二个例子中，一个珍视友谊的人转而要窃取朋友的钱。有时，他们自己也不会意识到这种矛盾，但更多时候，即便在毫无经验的观察者看来都一目了然，他们仍然熟视无睹。

就像体温升高是生理紊乱的明确指标一样，自相矛盾也是存在冲突的指标。举几个常见例子：一个极度渴望结婚的姑娘，却畏惧任何男人的靠近；一位母亲过于关心她的孩子们，却常常忘记他们的生日；一个对别人一贯慷慨大方的人，却对自己节衣缩食；一个向往离群索居的人却从不独处；一个对大多数人宽宏大量的人，却对自己锱铢必较。

与症状不同，自相矛盾常常能使我们对潜在冲突的性质做出初步的判断。例如，急性抑郁本来只说明一个人陷入进退两难的局面。但如果一个过于奉献的母亲忘记孩子的生日，我们可能会倾向于认为，这个母亲更热衷于塑造一个好母亲形象，而不是真爱孩子。我们甚至认为有这样的可能性，她的理想可能与她无意识的施虐冲动——让孩子受挫等，正在发生冲突。

有时，冲突也会浮出水面，也即是，有意识地体验到冲突本身。这似乎与我“神经症冲突是无意识的”这一主张相矛盾，但其实出现的只是将真实冲突扭曲变形或篡改过后的东西。因此，如果一个人面临着必须做一个重大决定的时刻，尽管他有避重就轻、闪烁其词的技术，但也派不上用场，那他就可能被一种有意识的冲突所拉扯。现在他完全无法决定是和这个女人还是那个女人结婚，或是否要结婚，是做这份工作还是那份，是继续保持还是解除一项合作关系。于是，他会经受巨大的折磨，从一个极端穿梭到另一个极端，完全无法做出任何决定。他可能忧心忡忡，求助于精神分析师，期望分析师把相关的具体问题弄清楚。然而他必然失望不已，因为当前的冲突只能说明他内心的冲突最终爆发。如果不认识到问题背后所潜藏的冲突，不踏上这条宛然曲折的漫漫长路，就不可能解决这个令他烦恼痛苦的问题。

在其他例子中，内心冲突可能被外化，在这个人的意识中表现为自身与环境格格不入。或者，他发现毫无根据的恐惧与抑制干扰了他的渴望时，可能会意识到自己内心这股逆流来自更深的源头。

我们对这个人了解越多，就越能辨别出引起症状、自相矛盾的行为与表面冲突的冲突要素——而且，我们必须补充，他的情况也借由大量各式各样的矛盾而更令人费解。所以我们不禁会问：是否有一个基本冲突潜藏于所有这些具体冲突的背后，并从根本上造成了这些冲突？我们是否可以根据诸如婚姻中的问题来描述冲突的结构？如在这段婚姻中，那些毫无干系的争论无止无尽，关于朋友、孩子、财务、进餐时间、用人等，这些是否说明这段关系本身根本不和谐？

人格中存在基本冲突，这个观念由来已久，并在各种宗教与哲学中具有重要作用。光明与黑暗的力量，上帝与魔鬼的力量，善与恶的力量，都是这种观念的某种表达方式。在现代心理学中，弗洛伊德在这方面和在其他方面一样，做了开拓性的研究。他的第一个假设是，基本冲突是本能驱力与禁忌环境之间的冲突，我们的本能驱力盲目地渴望满足，而我们的家庭和社会环境戒律森严。这种环境在早年被内在化，从那时起便表现为冷峻的超我。

这里不太适合认真讨论这个观念，那需要重述所有反对力比多理论的争议。我们还是试着理解这个概念本身的意思吧，尽管我们摒弃了弗洛伊德的前提假设。那么，剩下的争议就在于：原始的自我中心动力与令人敬畏的良心的对立，是我们各式各样冲突的基本来源。正如后面会看到的，我也认为这种对立（或在我的思考方式中类似于对立的东西）在神经症结构中占据显要地位。我所质疑的是它的基本性质。我认为，尽管它是一种重要冲突，但它却是次要的，是神经症发展过程中的必然产物。

这种驳斥观点的依据稍后会愈加明显。这里只提出这个理由：我并不认为，渴望和恐惧中的任何冲突都能让神经症患者的内心分裂到这种程度，也不认为它们引发的后果的危害竟足以毁掉一个人的生活。像弗洛伊德假设的那种心理处境便意味着，神经症患者仍然有能力全心全意地追求某些事物，只是恐惧的阻滞作用挫伤了他的这种努力。在我看来，冲突的源头是神经症患者丧失由衷地达成愿望的能力，因为他的愿望是分裂开来的，也即是，他的种种愿望是背道而驰的。[1] 这样所形成的心理环境，就的确比弗洛伊德所想象的更严重、更危急。

虽然与弗洛伊德相比，我认为基本冲突的破坏性更强，但我也认为最终消除冲突的可能性会更大。根据弗洛伊德的观点，基本冲突具有普遍性，一般不可能消除，所能做的只是更好地妥协或控制。根据我的观点，神经症基本冲突不一定生来就有，如果它产生了，

[1] 参见弗朗茨·亚历山大:《结构冲突与本能冲突的关系》，载《精神分析学季刊》1933 年第 2 期。

也有消除的可能——只要这个受折磨的人不畏艰难困苦。这个差别不在于乐观或是悲观，而是必然来自我们假设上的差异。

弗洛伊德后来对于基本冲突的解释在哲学上相当具有吸引力。先不管他这个思路的各种内涵，归根结底，他的“生”本能和“死”本能理论是人类建设性动力与破坏性动力之间的冲突。弗洛伊德本身并不是想把这个理论与冲突联系起来，而是防止两种动力混合在一起。譬如，他发现可以将受虐和施虐动力解释为性本能和破坏性本能的融合物。

要把这个理论运用到冲突研究中，就需要引进道德价值观。然而，弗洛伊德又觉得这些东西是科学世界的非法入侵者。按照他的信念，他力图发展一种与道德价值观无关的心理学。我相信，这种想要从自然科学的意义上表现“科学化”的努力是强有力的原因之一，解释了为何弗洛伊德的理论与疗法被限定在非常狭窄的渠道内。尤其是，这似乎还导致了他没有领会到冲突在神经症中的作用，尽管他在这个领域做了大量研究。

荣格也很重视人类的对立倾向。他对于在个体中起作用的种种矛盾印象非常深刻，以至他把它作为一个普遍规律：任何元素的存在必然意味着其对立元素的存在。如，一种外在的女性气质暗示着一种内在的男子气概；一种表面的外倾性，暗含着一种隐藏的内倾性；表面看起来是思维和推理占优势，而内心是情绪感觉占优势；等等。从这点上看，荣格似乎把冲突视为神经症的基本特征。然而，他接下来说，这些对立所具有的不是冲突性，而是互补性——目标是要接受双方面，从而趋近完整。在他看来，神经症患者是一个被困于单面发展之中的人。荣格用互补律来阐释这些观点。现在，我也意识到了对立倾向包含互补的成分，完整的人格离不开任何一方。但我觉得，这些对立倾向已经是神经症冲突的产物了，它们之所以如此顽强，是因为它们代表着尝试解决的努力。例如，如果我们把倾向于内省、回避以及关心自己的感受、想法或幻想胜过他人视为一种真实的倾向，也就是说，这些倾向在本质上是由体验所建立和加剧的，那么荣格的推理就是正确的。有效的治疗过程会显现他所隐藏的“性格外倾”倾向，会指明单面发展的危害，会鼓励他接受和实践这两种倾向。然而，如果我们把内倾性（我更愿意称之为神经症离群）视为一种手段，用来逃避那些因为与他人近距离接触而产生的冲突，那么治疗的任务就不是鼓励他更外向，而是分析潜在的冲突。只有消除了这些潜在冲突，才可能接近全心全意这个目标。

现在继续推演我的观点，我还在神经症患者指向他人的基本矛盾态度中看到了基本冲突。在讨论细节之前，请大家注意一下这种矛盾在《化身博士》小说中的戏剧性。我们看到主人公一方面脆弱、敏感、富有同情心、乐于助人等，而另一方面又冷酷无情、自私自利。当然，我并不是说神经症的分裂严格按着这个故事的线路走，而只是提供一个基本矛盾态度的生动描写。

想从遗传学角度着手阐释这个问题，我们就必须追溯到我所说的基本焦虑[1]上，这里所指的是孩子在潜在的敌对世界中的孤立感和无助感。环境中各式各样的敌对因素都会使孩子产生不安全感：

[1] 卡伦 · 霍妮:《我们时代的神经症人格》，柯根保尔出版社 1937 年版。

直接或间接的控制、冷漠、反复无常的行为、不尊重孩子的个体需求、蔑视态度、称赞过盛或缺失、缺乏真实可靠的温情、必须在父母的争吵中选择立场、责任过多或过少、过度保护、与其他孩子隔离、不公平、歧视、不信守诺言、敌对气氛等。

关于这一点，我唯一特别关注的因素是孩子对于环境中潜在的虚伪的感觉：他觉得父母的爱、基督教慈善事业、诚实、慷慨、宽容等可能只是假装的。在这点上，孩子感觉到某些东西确实是虚伪的，但还有一些可能只是他对于种种矛盾行为的反应，而这些矛盾是他在父母行为中所感觉到的。然而，这些感受往往结合了各种限定因素。而这些因素可能显而易见或深藏不露，所以在分析过程中，我们只能循序渐进地识别这些影响孩子发展的因素。

在这些干扰条件的烦扰下，这个孩子摸索着生活下去的路，摸索着应对险恶世界的路。尽管，他自己会懦弱与恐惧，但还是无意识地形成了他应对环境中特定势力的策略。通过摸索，他不仅发展出自己特有的策略，还形成了持久的人格倾向，这些倾向成为他人格的一部分，我把它们称为“神经症倾向”。

如果我们想要知道冲突是如何发展的，我们势必不能一味关注个体倾向，而应纵观这个孩子在这些环境中可行和实际的动向。尽管我们暂时看不见细节，但我们能够更清楚地观察到他应对环境的基本动向。一开始可能杂乱无序，但最后从中形成了三条主线：他可以亲近他人、对抗他人或远离他人。

在亲近他人时，他接受自己的无助，尽管存在隔阂与恐惧，他还是试图赢得他人的爱，试图依赖他们。只有这样，他才能在与别人相处时感到安全。如果家庭中有不同的阵营，他会选择有至高权威的一方。通过顺从他们，从而得到归属感和支持感，这使他不再感觉那么孤立无援。

当他对抗他人时，他接受身边的敌意，并有意无意地决定反抗。他完全不信任别人对他的感觉和意图。他以任何力所能及的方式反抗。他想要更强，想要击败别人，部分出于自我保护，部分出于报复。

当他远离他人时，他既不想有所归属，也不想有所抗争，而是拉开距离。他觉得自己跟别人没什么共同点，别人无论如何也不了解他。他用自己的性格、玩具、书和梦想等建立了一个个人世界。

对于每一种态度，都有一个涉及基本焦虑的突出因素：第一种态度是无助，第二种态度是敌意，第三种态度是孤立。但事实是，这个孩子不可能真心采取任何一种行动，因为在这些态度赖以发展的环境中，三种态度都一定会出现。我们纵观所见的只是占主导性的动向。

如果我们现在跳到发展成熟的神经症，这就更显而易见了。我们都知道这样一些成年人，在他们身上，我们刚刚说的某一态度十分明显。但同时我们也能看到，他的其他倾向也没有停止发挥作用。在一种依赖和服从为主导的类型中，我们可以观察到攻击倾向和离群需要。一个敌意占主导的人也有依从性格和离群需要。而一个离群性格的人不会没有敌意，或不会不需要爱。

然而，主导性态度是最能决定现实行为的态度。它反映了应对他人的途径与手段，人们在使用这些途径与手段的过程中感到舒适自在。因此，一个离群索居的人，通常会使用无意识手段来与他人保持安全距离，因为只要与他人近距离接触，他就茫然不知所措。再者，主导性态度经常是（但并不总是）他的意识所最能接受的态度。

这并不意味着不显眼就没有威力。例如，我们很难说，表面上依赖和顺从别人的人，渴望控制的强烈程度是否就不如对爱的需要；他表达攻击冲动的方式只是更间接而已。很多例子都可以证明隐匿态度的潜力非常巨大，而在这些例子中，主导性态度是完全颠倒的。我们可以在孩子身上看到这种反转作用，但它也会在后期生活中出现。萨默赛特·毛姆的小说《月亮和六便士》中的斯特里克兰德就是一个极好的例证。女性的个案史也常常能揭示这种转变。一个女孩原先顽皮叛逆、野心勃勃，当她坠入爱河后，变成了一个百依百顺、小鸟依人的女人。或者，在遭遇惨痛经历后，一个孤僻的人可能变得病态地依赖他人。

应该补充一点，诸如这样的转变，能在一定程度上解释一个常见的疑问，即后期经历是否毫无价值，我们是否永远被童年处境所引导和控制。从冲突角度看待神经症的发展，能够帮助我们给出一个更充分恰当的答案。有可能是：如果早期环境对自然成长的限制较小，那后期经历，尤其是青春期，就能对人格塑造产生影响。然而，如果早期经历的影响很大，使这个孩子的行为模式刻板僵硬，那么新的经历不可能使他有所突破。这部分是因为他的刻板使他无法接受新经历。例如，他可能非常孤僻，任何人都无法靠近他，或他的依赖性太根深蒂固了，以至总是被迫附属于他人、被他人剥削。

还有部分是因为，他会以自己现有的行为模式来解读所有新的经历。例如，一个攻击型的人面对友善，要么视之为愚蠢的表现，要么觉得别人是想剥削他，而新的经历只会强化原来那个行为模式。一旦神经症患者采取了一种不同的态度，看起来好像是后期经历给人格带来了改变，然而，这个改变并不如看起来那么彻底。实际上，真正的情况是，内忧外患的压力使他被迫放弃自己的主导性态度，而选择另一种态度，但如果起先没有冲突，就不会发生这个改变。

从正常人的角度看，这三种态度没有相互排斥的理由。一个人应该既能迁就他人，也能有所抵抗，还能杜门不出。三者能够彼此互补，有助于促成一个和谐的整体。如果有一个占优势，只能表明这个人朝着一个方向过度发展了。

但对于神经症，就有几个原因使得这些态度不可调和。神经症患者不易变通，他被迫服从、反抗和疏远，不管这种行为在具体情形中是否恰当，如果他表现为其他方式就会陷入恐慌。因此，如果三种态度都出现了，不管以何种强度，他势必会落入严重的冲突中。

另一个因素严重扩大了冲突的范围，这些态度并没有限定于人际关系，而是逐渐弥散到整个人格，就像恶性肿瘤扩散到整个机体组织一样。它们不仅涉及这个人与他人的关系，还包括他与自己、与普通生活的关系。如果我们没有充分认识到这种支配一切的性质，就禁不住会绝对化地思考冲突，比如爱与恨、顺从与反抗、从属与支配等。然而，这种绝对化的看法会使我们误入歧途，让我们根据某个单一的对立特征来区分法西斯主义与民主主义，诸如它们在宗教信仰或权力统治上的差异。这些固然是差异，但一味强调这种差异只会混淆视听，法西斯主义与民主主义本来就有天壤之别，代表着两种完全不相容的人生哲学。

冲突起始于我们与他人的关系，最后影响到整个人格，这并非偶然。人类关系极其重要，以至它们必定会塑造我们的品性，影响我们的目标设定，我们所信奉的价值观等。这些东西反过来又会影响我们与他人的关系，因而盘根错节。[1]

我认为，由不相容的态度所导致的冲突是神经症的核心，因而称得上“基本”。补充一句，我用“核心”这个词，不仅是比喻重要性，还强调它是神经症扩散的动力中心。这个观点是一种新神经症理论的核心，这种理论的含义在后面会愈加明显。广义而言，这种理论可以说是完善了我之前的观点，即神经症是人际关系紊乱的一种表现。[2]

[1] 由于对他人的态度和对自己的态度无法分割开来，所以有时候能在精神分析学著作中找到某种观点，认为其中某一个态度是理论与实践中最重要的因素，而这种看法根本站不住脚。

[2] 这个观点第一次出现在《我们时代的神经症人格》中，并在《精神分析的新方向》和《自我分析》中详细阐释过。

第三章　亲近他人

要介绍基本冲突，不能靠简单呈现大量相关个案。由于基本冲突的破坏性势力，神经症患者在周围搭建了一套防御机制，不仅用于掩耳盗铃，还用于混淆视听。结果就是，我们从表面上看到的是各种各样的解决途径，而非冲突本身。因此，简单罗列个案没法全面展示其含义与种种细微差别，这样的陈述未免旁征博引过头，犹如盲人摸象。

而且，前面章节所描绘的内容仍然需要充实。为了了解基本冲突的全貌，我们必须从分别研究每个对立要素着手。我们只要观察各种个体类型就能有所收获，在他们身上，非此即彼的要素占主导，而且对于他们来说，这个要素代表着更能接受的自我。为了简明扼要，我把这些类型[1]分为依从、攻击和孤立型人格。在每个个案中，

[1]“类型”这个词用在这里，只是为了简化那些带有独特性格特征的人。我当然不打算在这章或后面两章建立一种新的类型说。类型说肯定是可取的，但必须建立在一种更广阔的基础上。

我们的重点会放在这个人更愿意接受的态度上，而不考虑其中可能隐藏的冲突。对于每一种类型，我们会找出他对他人建立起来或培养出来的基本态度，以及某种需要、品性、敏感、抑制、焦虑的发展，最后同样重要的是，找出他特有的一套价值观。

这种做法可能存在某种弊端，但同样也有一定的优势。针对这些类型中相对明显的态度、行为反应、信念等，先检查它们的功能和结构，就更容易在那些含混不清的案例中辨识出相似的组合。进一步说，会使我们清楚看到这三种态度本质上的不相容。回到我们民主主义与法西斯主义的比喻上来：如果我们想指出民主与法西斯意识形态的本质差异，我们不会一开始就列举出这样一个人，他有一定的民主理想，而这种信仰又暗中倾向于与法西斯手段相结合。我们更可能是从纳粹党的文字与行为来描述法西斯思想，然后再与民主主义最具代表性的生活方式做比较。这会使我们对两套信仰之间的差异印象深刻，从而帮助我们理解那些试图折中两种信念的个人和群体。

第一组，依从类型，表现出所有“亲近”他人的特质。他对爱和支持有显著需要，尤其是需要一个“同伴”——一个朋友、恋人或配偶，“他们能满足他的所有生活期望，而且他们的主要任务就是为他的善恶和成功负责”[1]。这些需要与所有神经症倾向的特征相同：强迫性、不加区分，而且在受到挫折时会产生焦虑或沮丧。这些需要与有关的“他人”的内在价值毫不相干，也无关于他对他们

[1] 卡伦 · 霍妮:《自我分析》，柯根保尔出版社 1942 年版。

的真实感受。不管这些需要的表现形式如何变换，它们都围绕着对人类亲密行为的渴望、对“归属”的渴望。因为依从型的需要是不加区分和选择的，所以他倾向于高估自己与周围人的共同志趣，而忽视种种差异。[1]他的这种错误判断不是因为愚昧无知或缺乏观察能力，而是取决于他的强迫性需要。他感觉（就像病人在画中所证明的）他像一个婴儿，被陌生人与危险动物所包围。画中的女婴站在中间，渺小又无助，围绕她的是一只想要刺伤她的大蜜蜂、一只要咬伤她的狗、一只要扑向她的猫和一头要撞伤她的公牛。而且显而易见，对他（她）来说，其他生物的真实本性并不重要，重要的是，越是具有攻击性、越是令人恐惧的那些人，他们的“爱”却是最为必需的。总之，这种类型的人需要被喜欢、被需要、被渴望、被爱；他们需要感到自己被接受、被欢迎、被支持、被赞赏；他们需要别人重视他们，觉得他们不可或缺，尤其是对于某些特殊的人；他们还需要得到帮助和指导，受到保护与照顾。

一旦在分析过程中指出病人这些强迫性需要的特征，他往往会声称所有这些渴望都是非常“自然”的。当然，在这里，他是有正当理由的。有些人身心都被施虐倾向严重扭曲（后面会讲到）到对爱的渴望全然失效，抛开这类人，我们确实可以毫无风险地断言，每个人都想要感觉被爱、有所归属、得到帮助等。病人的错误在于，他声称自己对于爱和赞许的疯狂是真心实意的，然而实际上，对于安全感永不满足的渴望已经彻底遮盖了真实的部分。

[1] 参见《我们时代的神经症人格》第二章和第五章中关于爱的神经症需要，以及《自我分析》第八章关于病态依赖。

对安全感的渴望如此急不可待，以至他做的一切都是以安全感需要为导向。在这个过程中，他发展出塑造他人格的某些品性与态度。其中有些可以称得上讨人喜爱：他开始对别人的需要敏感——在他有能力理解的情感范围之内。例如，尽管他总是忘记一个离群的人渴望疏远，却会充分意识到另一个人需要同情、帮助和支持等。他不由自主地努力达到他人的期望，或他自以为的别人的期望，以至经常到了对自己的感受视而不见的地步。他变得"慷慨无私"、自我牺牲、无欲无求——除了对于爱无边无际的渴望。他变得顺从、过度体贴（在他的极限范围内）、过度欣赏、过于感恩、宽宏大量等。自欺欺人的是，其实他内心深处并不太在意别人，而且还认为他们都是虚伪自私的人。但如果我可以用有意识的话来说明无意识的心理状态——他说服自己，让自己以为他喜欢每一个人，让自己以为他们都是"友好"、可信赖的，那么这样一种错觉不仅会导致心碎般的失望，还会平添他普遍性的不安全感。

这些性质对他来说之所以没那么有价值，主要是因为他不会扪心自问自己的感受或是判断，而只是盲目地己所之欲强施于人。还因为如果没有得到回报，他就会极度焦躁不安。

这些性质，以及重重迭代后又出现的另一些性质，目的都在于避免敌视、争执和竞争。由此，他倾向于降低身份，使自己屈居于次要地位，将舞台聚光灯留给别人。他会姑息让步、息事宁人，最起码还有意识地不心存芥蒂。任何报复或取胜的渴望都被压抑至极，以至他常常对自己如此轻易和解以及从来不计前嫌感到吃惊。最重要的是，他常常不由自主地引咎上身。这仍然是因为他极其忽视自己的真实感受，即不管他是否真的感到内疚，他都会反躬自责，而不是指责他人，在面对明显不正当的批评或预料中的攻击时，他倾向于反求诸己或于心有愧。

这些态度逐步转变为一定的抑制作用。因为任何攻击行为都是他的禁忌，所以我们在刚毅自信、批评评判、提出要求、发号施令、引人注目、追求抱负目标等方面发现了抑制作用。同样，因为他的生活完全以别人为主导，所以他的抑制机制总是阻碍他为自己服务或自我享受。这可能使他达到一种状态，即任何不与他人分享的经验，不管是一顿饭、一场演出、音乐还是大自然等，都是毫无意义的。无须说，这种在享乐方面的刻板限制不仅会使生活变得平淡无味，还会使他更依赖他人。

且不说他对于上述性质的理想化意象[1]，这种类型的人还具有某些针对自己的态度特征。第一个特征是他对于自己软弱无助的一般性感受——一种“我多么可怜又微不足道”的感受。一旦让他自己来出谋划策，他就会茫然不知所措，就像脱开了锚的船，或像没能得到仙女帮助的辛德瑞拉。这种无助在某种程度上是真实的，一个人感觉自己在任何情况下都无法反抗或竞争，这确实会强化现实中的软弱感。此外，他还向自己和别人坦承自己的无助。在梦中，也会戏剧化地强调这点。他总是将此作为一种求助或防御手段：“你必须爱我、保护我、原谅我，不要抛弃我，因为我是那么软弱无助。”

第二个特征产生于他屈居附属地位的倾向。他认为理所当然的

[1] 参见本书第六章。

是，每个人都比他优越，都比他更有魅力、更聪明、更有文化学识、更有价值。这种感觉的现实基础是他缺乏自信与刚毅，这削弱了他的种种能力，即便在他能力毋庸置疑的领域，自卑感仍然会使他无视自己的价值，认为别人比他更有能力胜任。在那些具有攻击性或傲慢自大的人面前，他就更加自惭形秽。然而，即使独处，他依然倾向于轻视自己的品质、天赋和能力，还低估自己的物质财富。

第三个特征在于他普遍依赖他人。这是他无意识地倾向于通过别人对他的看法来评估自己。他的自尊随着别人的褒贬与爱憎而起起落落。因此，任何拒绝对他来说都是现实灾难。如果有人拒绝他的邀请，他可能会表现得通情达理，但按照他内心世界的逻辑，他自尊的晴雨表就会降到零点。换言之，任何批评、拒绝或背弃都是可怕的危险，而且他可能卑躬屈膝地想要赢回这个威胁者的尊重。他的逆来顺受并非来自某些隐秘的“受虐”驱动力，而只是基于他心理前提的逻辑产物。

这一切便促成了他特殊的价值观。当然，根据他的成熟情况，这个价值观本身的清晰明确程度有高有低。这些价值观在于美德、同情、爱、慷慨、无私、谦卑等方向；而对自负、野心、冷酷、狂妄、挥霍权力等深恶痛绝——尽管，因为这些属性代表着“力量”，他可能又同时暗中羡慕不已。

因此，这些就是神经症患者“亲近”他人的要素。显而易见，仅用一个词语来描述这些东西，诸如顺从或依赖，是多么不充分恰当，因为它们背后隐含着一整套思考、感受和行为方式——整个生活方式。

我承诺过不讨论反面因素。但是，除非我们弄清楚，压抑对立倾向究竟能在多大程度上巩固主导倾向，否则就无法完全理解所有这些态度和观念有多冥顽不化。所以，我们还是要简略了解一下反面情况。在分析依从类型时，我们发现各种攻击倾向被严重压抑。与表面上的过分关心形成鲜明对比，我们发现的是对他人缺乏兴趣、蔑视他人、无意识寄生或剥削他人、操控他人、不懈超越的需要或享受报复性胜利。当然，这些受压抑的驱动力在形式和强度方面都不尽相同。在一定程度上，它们是早期与他人不愉快经历的反应。例如，有一份个案史显示，他直到八岁还常常发脾气，之后又变得温顺听话。但许多源头都源源不断地产生敌意，所以攻击性倾向也借由后期经历得以加强。这样说下去会使我们离题太远而不能面面俱到，这里只需要说，谦逊和“善良”会招致践踏和利用。再者，依赖他人会造成异常脆弱，这反过来又会导致他感觉自己被忽视、被拒绝，以及没有立即得到过度的爱或支持时就会感到被羞辱。

当我说所有这些感觉、冲动和态度被“压抑”，我是采用弗洛伊德对于这个词的观点，意思是个体并非只是没有意识到它们，而是希望永远也不要意识到它们给他带来的无可替代的好处，以至他严防死守，唯恐向自己或他人泄露任何迹象。因而每种压抑都会使我们面临疑问：压抑心中的某些冲动究竟会给他带来什么好处？对于依从类型，我们能找到诸多答案。大部分只得放在后面讨论理想化意象和施虐倾向时来了解。现在我们能了解的是，对于敌意的感受或表达会威胁到患者对于喜欢他人和被他人喜欢的需要。此外，任何形式的攻击行为，或自我肯定的行为，对他来说都是自私自利的。

他自己会谴责这种行为，因而觉得别人也会谴责这些行为。而且他无法冒被谴责的风险做事，因为他的自尊实在是太依赖别人的支持了。

压抑所有肯定、报复和野心的感受与冲动也有其他的功能。这是神经症患者消除冲突并取而代之以完整统一感的众多努力之一。我们内心对统一的渴望并不是秘密，但产生于对生活机能的现实需要——除非这个人一直受到相反方向的驱使——最终会导致我们极度恐惧分裂的那些东西。通过掩埋所有矛盾部分而给某个倾向赋予主导地位，是一种构建人格的无意识努力，它是解决神经症冲突的主要途径之一。

所以，我们已经看到了患者严格控制所有攻击性冲突的双重利益：一是不让他的整个生活方式濒临危机，二是不让他臆造的统一性被戳穿。而且攻击性倾向越具有破坏性，就越是迫切地想要驱逐它。他会矫枉过正，绝不表现自己想要谋一己私利，绝不拒绝请求，总是喜欢每一个人，总是退居幕后等。换言之，依从和姑息倾向得以加强，变得更具有强迫性和更不加区分。[1]

当然，所有这些无意识努力并没有使被压抑的冲动停止运作，但它们发挥作用的方式是符合这种人格结构的。他会提出要求，“因为他太悲惨不幸了”，或以“爱”为幌子暗中控制。被压抑的敌意的积累也可能表现为或多或少的怒气爆发，从偶尔的烦躁易怒到发脾气。这些爆发虽然并不符合他亲切与温和的形象，但对他自己来说却是

[1] 参见本书第十二章。

正当合理的。而且根据他的诸多前提，他也是无比正确的。他并不知道自己对他人的要求既过分又自私，有时还不禁觉得自己遭受到极不公平的待遇，以至他简直忍无可忍。最后，如果被压抑的敌意具有狂怒的力量，就可能导致各种功能紊乱，诸如头痛或肠胃疾病。

因此，依从类型的大多数特征都有双重动机。例如，当他使自己居于次要地位的时候，就能避免摩擦，从而与他人和谐相处；但这也可能是一种手段，用来消除想要超越他人的所有痕迹。当他让别人利用自己时，就是依从和“善良”的表达方式，但也可能是厌恶自己剥削他人的欲望。要克服神经症依从，就要分析冲突的两面，并有条不紊地按顺序处理。我们从保守的精神分析著作中能看到这样一种观点，认为攻击行为的“释放”是精神分析治疗的本质，但这种方法说明作者对于神经症结构的复杂性和具体变式一无所知。只有对现在所讨论的这种类型，这个方法才具有一定的效度，但即便如此，这个效度也有限。揭露攻击冲动的确是一种释放，但如果这种“释放”是为释放而释放，那也很容易损害患者的发展。如果最后要整合人格，这个方法就必须放在分析冲突问题之后。

我们仍然需要注意到爱和性在依从类型中的重要性。对他来说，爱常常是唯一值得追求、值得为此而活的目标。没有爱的生活是单调乏味、空洞无聊的。借用弗里茨·维特尔斯对强迫性追求的说法就是，爱变成坐地自划的幻影。[1] 人、自然、工作或任何兴趣娱乐

[1] 弗里茨·维特尔斯:《神经症中的无意识幻影》，载《精神分析学季刊》1939年第8期第2部分。

都索然无味，除非有某段爱的关系赋予其趣味。在我们的文化环境中，这种痴迷在女性身上比男性更常见、更明显，这就使我们认为它是女性特有的渴望。实际上，这与女性气质或男子气概完全无关，而是一种神经症现象，因为它是一种非理性的强迫性冲动。

如果我们明白了依从类型的人格结构，我们就能知道为何爱对他如此重要，以及为何“他的疯狂中自有条理”。其实，他矛盾的强迫性倾向是实现他所有神经症需要的唯一途径。它能够保证他既满足被喜欢的需要，又满足（通过爱）控制别人的需要，既满足屈居次要地位的需要，又满足（通过对方一心一意的尊重）超越他人的需要。它能使他基于正当、无辜甚至值得称颂的基础实施自己所有的攻击性冲动，同时又让他能够表达自己所要求的所有可人品质。而且，由于他不知道自己的障碍和痛苦来自内心的冲突，所以爱似乎能保证他治愈一切问题：只要他能找到一个爱他的人，一切都会好起来。这种希望显然是荒谬的，但我们也必须明白，他的这个逻辑多多少少是一种无意识推理。他认为：“我软弱无助，如果我在这个充满敌意的世界里孤苦无依，我的无助就是一种危险、一种威胁。但如果我找到一个爱我胜过爱其他的人，我就不再处于危险之中，因为他（她）会保护我。和他在一起，我就没有必要表达或解释，因为他会明白并且给予我想要的。事实上，我的软弱就是资本，因为他爱我的无助，而我可以依靠他的力量。只为自己，我是无法主动起来的，但如果是为了他，或者他让我为自己做些什么，我会振作起来，因为这是他想要的。”

他所制定的推理有些部分是谨慎思考而来的，有些部分只是一种感觉，还有些部分基本上是无意识的，同样根据这些推理进行重整，他觉得：“孤独太折磨我了。我不仅无法享受任何不与人分享的乐趣，甚至，我感觉茫然若失，焦虑不安。我当然可以在周六晚上独自看电影或读书，但那是种耻辱，因为这说明没人需要我。所以，我必须小心翼翼地计划，免得周六晚上（或其他任何时间）孤零零的一个人。但如果我找到一个好恋人，他就会让我免受折磨，我再也不会孤单；现在了无生趣的事情，不管是准备早餐、工作还是看日落，到那时都会是令人高兴的事。”

而且他还认为：“我没有自信。我总是觉得别人都比我有能力、有魅力、有天赋。即使事情是我完成的也算不上什么，因为我确实无法将其归功于自己。我可能是蒙混过关，或只是侥幸。我一定无法保证自己还能再次完成。而且如果人们真的了解我，他们一定用不着我。但如果我找到一个人，像我爱我自己一样爱我，无比重视我，我就能成为重要人物。”于是，难怪爱具有幻影一样的诱惑力，难怪患者牢牢抓紧爱，从而舍弃了“从内心深处改造自己”的艰苦尝试。

如此一来，性关系除了生理功能，还具有证明自己被需要的价值。依从类型的人越是倾向于超然独立——即害怕卷入感情，或越是对爱心灰意冷，性就越可能只是爱的替代品。于是，性关系似乎就是人类亲密关系的唯一途径，而且还会被高估，就像高估爱一样，因为它有解决一切问题的力量。

如果我们小心翼翼地避免两种极端，即要么认为病人对爱的强调“只是天性”，要么当作“神经症”而不予考虑，那么我们就能看到，依从类型的人在这方面的期望来自他人生哲学的逻辑推论。在神经症现象中总是如此——或是否总是如此？我们发现，病人的推理过程，不管是有意识还是无意识的，都是天衣无缝的，但却是基于错误的前提之上的。这个错误的前提就是，他误以为需要爱、需要随之而来的一切产物就是真正的爱的能力，而且他完全忽视自己的攻击性倾向，甚至是破坏性倾向。换言之，他忽视整个神经症冲突。他指望不对冲突本身做任何改变就摆脱不解决冲突所带来的恶果，而这正是每种神经症尝试解决途径的态度特征。这也是这些努力注定会失败的原因。不管怎样，我们势必可以把这种爱形容成一种解决途径。如果依从类型的人足够幸运，找到了一个既强大又好心的伴侣，或这个人的神经症刚好与他合得来，他的痛苦可能就会大大减轻，还可能寻得一定的幸福。但是通常情况下，他期望从中寻得人间天堂的这段关系，只是将他推入更深的苦难当中。他非常容易把自己内心的冲突带到这段关系中，从而毁掉这段关系。即使是最好的情况，也只是缓解现实压力，除非他的冲突得以消除，否则他的发展仍然会受到阻碍。

第四章　对抗他人

基本冲突的第二个方面是“对抗”他人的倾向，在探讨时我们还是跟前面一样，在此分析一下攻击性倾向占主导的类型。

依从类型的人坚信人都是“友好的”，还一直为反面证据感到迷惑不解；攻击类型的人想当然认为每个人都带着敌意，拒不承认他们并非如此。对他来说，生活就是一场人与人的搏斗，落后者遭殃。对于种种例外，他只是勉强认可或保留意见。有时他的这种态度非常明显，但更多时候，是掩藏在温文尔雅、公正不阿和善于交际的虚饰之中。这种“掩饰”可能相当于马基雅维利式的让步权术。然而通常混杂着伪装、真诚和神经症需要。他想要让别人相信自己是个好人，这种渴望可能兼具了一定的仁心善意，只要没有人质疑他的指挥地位。对爱和支持的神经症需要的要素可能服务于种种攻击性目标。依从类型的人不需要这种“掩饰”，因为他的价值观本来就为社会所认可或是符合宗教认可的美德。

攻击型人的需要与依从型人的一样具有强迫性，要认识到这点，我们就必须意识到，这些需要同样产生于他的基本焦虑。必须强调这点，因为这类人从不承认或展现恐惧，这点在后面非常明显。在他身上，一切事情都是为了强硬，都是为了变得强硬，或至少表现出强硬。

他的种种需要主要是因为他认为人生是一个竞技场，依据达尔文的观点，就是适者生存、优胜劣汰。生存还是灭亡，很大程度上取决于他所生活的文化环境，但不管怎样，冷酷无情地追逐个人利益就是至高无上的准则。因此，他的第一需要就是控制别人。控制手段的形式是无穷无尽的，可能是完全运用权力，也可能是间接操纵，通过过度关怀或是使他人承担义务的方式。他可能更喜欢做幕后操纵者，采取智力手段，这就意味着他认为，通过理性推理或深谋远虑，一切都胜券在握。他控制他人的具体形式大部分取决于他的先天禀赋，在一定程度上还融合了各种冲突倾向。例如，如果这个人同时倾向于离群，他就会避免直接操控，因为直接操控使他与他人交往过密。如果对爱有大量隐秘的需要，他也会首选间接方式。如果他想做幕后操纵者，就会表现出施虐倾向，因为这意味着他在利用他人来实现自己的目标。[1]

同时，他还需要超越他人，需要取得成功、威望或任何形式的认可。这一方面的追求在某种程度上是以权力为导向的，因为在一个竞争社会中，成功和威望能带来权力。但成功与威望也可能借由外界的肯定、称赞等制造一种有关力量的主观感受和真实的优势。

---

[1] 参见本书第十二章。

这里和依从类型一样，重心都在于他本人之外；不同之处只在于他想从别人那里获得肯定的类型不同。但其实二者都是徒劳无益的。如果人们纳闷儿，为何成功无法减轻他们的不安全感，这只能说明他们缺乏心理学知识，但其实他们的疑惑表明了他们通常在多大程度上将成功与威望视为价值尺度。

一部分情形是，他强烈地想要剥削他人，想要比别人智高一筹，想要让他人为己所用。他看待任何情境或关系的角度都是“我能从中得到什么”，不管是关于金钱、威望、交往还是观点。他自己有意识或半有意识地相信每个人都是这样的，所以他所指望的就是比其他人做得更高效。他发展出来的品性与依从型人大相径庭。他变得坚韧不拔，或至少给人这样的印象。他认为所有感觉情绪，既包括他自己的，也包括别人的，都是无病呻吟、多愁善感。对他来说，爱是无足轻重的。并不是说他绝不“恋爱”，或绝没有绯闻，或绝不结婚，而是他主要关注的是找一个称心如意的伴侣，这个人的魅力、社会声望或财富能使他提高自己的地位。他觉得没有理由要去体谅他人。“为什么我应该照顾他们？让他们自己照顾自己去。”从一个古老的道德问题来讲，有两个人在木筏上，但其中只有一个人能活下来，他一定会说，当然要自保，不自保就是愚蠢、虚伪。他讨厌承认任何恐惧，还会采取极端的手段控制住恐惧。例如，他可能逼自己待在空无一人的屋里，尽管他害怕盗贼；他可能坚持骑在马背上，直到他克服了对马的恐惧；他可能为了克服自己对蛇的恐惧，故意穿过周围有蛇的沼泽地。

与依从型人倾向于让步相反，攻击型人竭尽所能做一个优秀的斗士。在辩论中他思维敏捷，为了证明自己是对的，他不介意展开一场争辩。当他身处绝境，除了搏斗别无他选时，他可能就会使出浑身解数。与依从型人害怕赢得比赛不同的是，他是个输不起的人，无疑只想要赢。依从型人伺机自责，而他伺机责备他人。但两种类型的人都不是出于内疚的考虑。当依从型的人伏法认罪时，绝不认为自己有罪，而是被逼让步。攻击型人也同样不认为别人就是错的，他只是假设自己是对的，因为他需要这个主观肯定的基础，就像军队需要一个安全点来发起进攻。对他来说，在绝对不必要的情况下承认错误，如果不是彻头彻尾的愚蠢，就是懦弱的表现，这是难以饶恕的。

与他必须对抗险恶世界的态度相一致的是，他形成了一种敏锐的现实主义（诸如此类的）观念。他绝不会“天真”到疏忽他人的任何妨碍他目标的表现，包括野心、贪婪、无知等。由于处于竞争文化中，这类特性就比正直、正派更普遍，他理所当然地觉得自己只是务实。当然，其实他如依从型人一样片面。他现实主义的另一面就是强调规划和远见，就像任何一个优秀战略家一样，在每种情境下，他都会小心翼翼地评估自己的胜算、对手的势力和可能遇到的陷阱。

因为他总是被迫彰显自己是最强的、最精明的或最受欢迎的，所以他努力开发所必需的效率和智谋。工作中的热忱与智慧可能使他成为一个深受敬重的职员，或使他在自己的事业中有所成就。然而，在某种意义上来说，他表现在工作上的极大热情可能具有误导性，因为对他来说，工作不过是达到目的的手段。他并不热爱他所做的事情，也并不真正享受其中，这与他努力将感觉情绪彻底排除在生活之外是一致的。抑制所有感觉情绪具有双重效应。一方面，从成功的立场来看，这无疑是一种权宜之举，因为这样能使他像一台运转顺畅的机器那样，不知疲惫地生产产品，而这些产品会带给他更多的权力与威望，这样一来，感觉情绪就可能会干扰他。可以想象，感觉情绪可能使他进入一个较少产生实际利益的行业，也可能会让他不愿使出那些通往成功之路上的惯用伎俩，还可能怂恿他不去工作，跑去享受自然或艺术，或诱使他陪伴朋友而不去应酬那些仅具有利用价值的人。另一方面，压制感觉情绪也会造成情感上的贫乏，这会影响他的工作质量，也自然会减损他的创造力。

攻击类型的人看起来非常肆无忌惮。他可以表达自己的愿望，他可以发号施令、发怒、为自己辩解等。但其实他的抑制并不比依从型的人少。他特定的抑制作用之所以没有即刻引起我们的注意，并不完全是因为我们的文化差异。抑制作用存在于情感领域，关系到他在友谊、爱、情感、同情和谅解以及不带利害关系的享乐方面的能力。而不带利害关系的享乐，一定会被他视为浪费时间。

他对自己的感觉就是强大、诚实和务实，如果你从他的角度看的确如此。从他的前提来看，他对自己的评价是有严格逻辑的，因为对他来说，冷酷无情就是力量，不体贴他人就是诚实，麻木不仁地追求个人目标就是务实。他对于诚实的态度，在某种程度上就是精明地揭露当下的虚伪。诸如对事业的热忱、慈善心这类东西，他认为纯粹是种伪装，而且他觉得揭露社会意识的种种姿态或宗教美德的真面目也并不是什么难事。他的那套价值观是围绕着弱肉强食的生活哲学建立起来的。强权即是公理。扫除慈悲与怜悯。人人都是披着人皮的狼。这些价值观跟纳粹分子推崇的那些东西没多大区别。

攻击类型的人不接受真正的同情和友谊，也拒绝他们的伪装、依从和让步，这是有主观逻辑在里面的。但要是认为他分辨不出差别来，那就大错特错了。当他遇到一种真正友善又有力量的态度时，他很容易就能辨别出来并怀揣敬意。问题是，他觉得在这方面太具鉴别力会损害他的利益。两种态度在他看来都是生存之战中的障碍。

可是，他为何如此暴力地拒绝人类温柔的情感？他为何看到别人充满爱意的行为就感到恶心？别人在他觉得不恰当的时刻表现出同情时，他为何会如此鄙夷？他的表现就像一个驱逐自家门口的乞丐的人，因为乞丐让他心痛。他可能真的会凌虐乞丐，他可能会非常失常愤怒地拒绝最简单的要求。这些便是他的典型行为反应，而且一旦攻击性倾向在分析中渐渐变得不那么刻板时，就很容易观察到这些行为。实际上，他对于他人的“温柔”的感觉是矛盾复杂的。他看不起他们的温柔，这正确无疑，但他也欢迎这种温柔，因为这使他更容易实现自己的目标。还能有什么理由让他常常被依从型人所吸引，就像依从型人常常被他吸引一样？他的行为反应之所以如此极端，是因为他需要对抗自己心中所有的柔情。“温柔”对这类人来说不仅意味着真情实感、怜悯等，还意味着依从型人格的需要、感受，以及行为准则。例如，乞丐那个例子，他萌生了真正的同情心，想要满足他人的请求，觉得自己应该帮助他们。但有一股更强烈的需要反对他这样做，结果他不仅拒绝了他们，还凌辱他们。

为了融合有分歧的力量，依从类型的人寄希望于爱，而攻击型人则在认可中寻求可能。被认可不仅可以确保他能获得那个他所要求的自我肯定，还有额外的吸引力，使他被别人喜欢，还使他反过来喜欢别人。因此，由于被认可似乎给他提供了解决冲突的方法，所以这成了他用来补救的海市蜃楼。

他斗争的内在逻辑大体等同于依从型中的情况，因而这里只需要简单说明一下。对于攻击型人，任何同情心，或表现“良好”的义务，或依从态度，都与他建立的整个生活结构格格不入，还会动摇它的基础。再者，这些对立倾向的出现会使他直面自己的基本冲突，因而会摧毁他小心翼翼培育出来的体制——这个体制是为了统一性。结果就是，压抑温柔倾向加强了攻击倾向，使攻击倾向更具有强迫性。

现在，如果我们说的两种类型在我们心中都栩栩如生，我们就能看到，他们代表着截然相反的两种极端：一方所渴望的正好是另一方所厌恶的；一方不得不喜欢每个人，而另一方视所有人为潜在的敌人；一方竭尽全力避免纷争，另一方发现搏斗是他的天性；一方依附于恐惧与无助，另一方试图消除它们；一方趋于人文理想，虽然是神经症性的，而另一方走向明争暗斗的人生哲学。但两种行为模式都始终不具有选择性，而是具有强迫性且不容变通，这都取决于内心的种种需要，他们都无法达成中间立场。

现在我们要继续描述我们逐步讨论过的这些类型。我们开始只是发现基本冲突所涉及的地方，而且目前已经看到，基本冲突作为主导性倾向，作用于两种不同类型的两个方面。现在我们必须做的是描述一个人，在他身上，有两组相反的态度和价值观在共同起作用。这不是清清楚楚的吗？这样的人，不屈不挠地受到两种截然相反的方法的驱使，以至难以动弹，事实是他会分裂，直到完全失去活动能力。正是他消除其中一方的努力，将他推入我们所描述的这种或那种类型，这是他尝试解决自己内心冲突的途径之一。

在这种情况中，像荣格那样，论及单方面畸形发展是完全不充分的，这最多是一种在形式上正确的论述。但是，由于它是基于一种与动力相关的谬见，所以在含义上是错误的。荣格的出发点是片面的，认为在治疗过程中，医生必须帮助病人接受自己的对立面。我们就会问：这怎么可能呢？病人不可能会接受自己的对立面，他至多只能意识到它而已。如果荣格期望通过这一措施使病人成为一个完整的人，那我们要说，这个措施当然是最终整合人格所需要的，但这本质上只意味着让病人学会面对自己当前意欲回避的冲突而已。荣格没有正确评估到的是神经症倾向的强迫性质。亲近他人与对抗他人之间并不只是懦弱与强大的区别——或者是荣格说的女性气质与男子气概。我们所有人都具备依从和攻击的潜力。而且，如果一个人没有受到强迫性的驱使而相当拼命地挣扎，他也能够达成一定的整合。然而，一旦两种行为模式都是神经症性的，则都会损害我们的成长。两个令人不满意的个体加在一起，并不会产生一个令人满意的整体，两种相互矛盾的部分也无法制造一个和谐的统一体。

第五章　远离他人

基本冲突的第三个方面就是离群索居，“远离”他人的需要。在分析这种主导性倾向的类型之前，我们必须明白神经症离群指的是什么。当然，它不仅仅是指想要偶尔独处。每个认真对待自己与生活的人，有时都会想要独处。我们的文化使我们深陷于表面生活，以至对这种需要知之甚少，但哲学与宗教随时都在强调独处可能有助于实现自我。渴望有意义的独处绝不可能是神经症的；相反，大多数神经症患者都回避他们的内心深处，并且无法建设性地独处，而这正是神经症的征兆。除非与人交往有令人无法容忍的压力，并且独处主要是一种逃避交往的手段，独处的渴望才是神经症离群的征兆。

高度离群者的某些特质非常明显且独特，以至精神分析学家认为这些特质才是离群类型人格所特有的。最明显的就是普遍地疏远他人。这一点之所以吸引了我们的注意，是因为他尤其强调这点，但其实他的疏远他人并不比其他神经症患者更严重。例如我们讨论过的那两种类型，很难简单说明哪一种更疏远他人。我们只能说，依从型人掩盖了这个特点，当他发现这一点时会感到震惊，因为他对于亲近的热切需要使他渴望相信自己与他人之间没有隔阂。毕竟，疏远他人仅仅是人际关系紊乱的指标。但所有神经症都有这个情况。疏远的程度取决于紊乱的严重程度，而不是神经症采用的具体形式。

另一个特征常常被视为离群所特有的，那就是疏远自我，也即是感情麻木，不确定自己是怎样的人，不知道自己爱什么、恨什么、渴望什么、希望什么、害怕什么、厌恶什么、相信什么等。这种自我疏远也很常见于所有神经症。每个达到了神经症程度的人都像一架遥控飞机，所以必然会脱离自我。离群者很像海地传说中的僵尸，虽然是死人，但通过巫术死而复生：他们可以像活人一样工作和活动，但他们没有朝气。而其他人，还可以拥有相对丰富的感情生活。由于存在这些差别，我们也就不能把自我疏远视为离群所特有的。所有离群者的共同点在于某些极为不同的地方。那就是他们带着一种主观兴趣来看待自己，就好像看待一件艺术品。也许最好的描述方式就是，他们以“旁观者”的态度对待自己，通常也以这种态度对待生活。因此，他们可能常常是自己心理过程的杰出观察者。一个突出的例子就是，他们经常对梦的象征展现出惊人的理解力。

关键就在于他们内心需要在情感上与他人有一段距离。更准确地说，他们有意无意都决定，无论如何也不要在情感上与他人扯上关系，不管是爱、对抗、合作还是竞争。他们在自己周围画了一个魔法圈，没人能够进入。而且这也是为何他们从表面上好像与他人

“相处融洽”。这种需要的强迫性特征表现在他们对于外界干扰的焦虑反应。

他们习得的所有需要与特质，都是针对不卷入人际关系这一主要需要。其中最引人注意的就是自力更生的需要，最积极正面的表现就是足智多谋。攻击型人也倾向于足智多谋，但精神不同，对他来说，这是在充满敌意的世界中艰苦奋斗的先决条件，是在斗争中打败他人的先决条件。而对于离群型人，他的精神和鲁滨孙·克鲁索一样：为了生存，他必须足智多谋。这是他能补偿自己这种孤立状态的唯一办法。

还有一种维持自力更生的方法更靠不住，就是有意识或无意识地限制自己的需要。我们若想更好地理解在这个方向上的各种动向，就要记住他的潜在原则，即绝不过于依附任何人或事物以至使他们成为必需。依附他人会损害超然态度，最好别太看重。例如：一个离群者可能能够感到真正的快乐，但如果快乐要以某种方式依赖于他人，他就情愿选择放弃。他喜欢偶尔在晚上与一些朋友聚会，但不喜欢普遍性的社交与社会活动。同样，他回避竞争、威望和成功。他倾向于约束自己的饮食和生活习惯，使它们维持在某个范围内，不需要花费太多时间或精力来供养。他可能痛恨生病，视之为耻辱，因为生病就迫使他依赖别人。关于任何问题，他可能都执意要取得第一手信息，例如对于国外，诸如俄罗斯，他想要亲自去见识，而不是采纳别人的见闻。这种态度有利于建立卓越的心理独立性，只要没有到荒谬的地步，例如在陌生城市拒绝问路。

另一个显著需要就是他想拥有私人空间。他就像一个旅馆的宾客，很少把门上的“请勿打扰”牌子取下来。甚至于书籍也被当作干扰者，被当作外来者。提出任何有关他个人生活的问题，都可能会令他震惊，他倾向于给自己戴上神秘的面纱。有一个病人曾经告诉我，他到了四十岁，还是和母亲告诉他“上帝能透过百叶窗看到他在咬指甲”时一样讨厌上帝的无所不知。这个病人哪怕对于生活中最琐碎的细节也守口如瓶。对于离群者，如果别人视他为“理所当然”，可能会使他恼怒不已——这让他觉得自己遭到践踏。通常，他选择独自工作、睡觉、吃饭。与依从型人截然相反，他不喜欢分享任何体验——对方可能会打扰他。即便是和他人一起听音乐、散步或交谈，他也只有在之后回想起来才感到真正的愉悦。

自力更生和私人空间都有益于他最突出的需要，即完全独立。他个人觉得自己的独立性具有正面价值。这种独立无疑具有类似的价值。因为不管缺乏什么，他都绝对不是听人使唤的机器人。对于互助的盲目拒绝，连同对于竞争的超然态度，的确赋予了他某种完整性，但错误就在于他把独立视为最终目的，而忽略了独立的价值是最终在于他用独立来做什么。他的独立，和所有涉及独立的离群现象一样，具有一种消极的取向，目的在于不被影响、强迫、束缚、约束。

和其他神经症倾向一样，独立需要也是强迫性且不加区分的。表现为对任何类似于强迫、影响、约束等的事物都十分敏感。敏感度是离群程度的优良标尺，对束缚的看法因人而异。他可能很容易感受到物理性压力，诸如衣领、领带、腰带、鞋子之类的东西所带来的束缚。任何视野障碍都会引起被围困感，如要是待在隧道或矿井中，他就可能产生焦虑。这方面的敏感并不能完全解释为幽闭恐惧症，但至少是其背景。他可能会逃避长期的约束：很难签订合同、签一年以上的租约、结婚等。当然，对于离群者来说，婚姻无论如何都是件危险的事情，因为涉及人与人之间的亲密关系，如果他需要被保护或相信对方完全适合他，他对婚姻风险的恐惧就会减轻。他们很容易出现婚前恐惧。无情流逝的时间通常被视为强制：上班迟到五分钟的习惯可能是为了维持自由的幻觉。时间表构成一种威胁：离群型病人会喜欢这样一个故事，一个人不看时间表，在自己觉得合适的时间抵达车站，情愿在那里等下一趟火车。别人预期他做某些事，或以某种方式行事，会让他不自在而且逆反，不管这些预期是否真的表现出来了，或只是假想性地存在。例如，他可能平常喜欢馈赠礼物，但会忘记生日或圣诞节礼物，因为这些是别人期望他做的。对他来说，遵从公认的行为规范或传统价值观是令人厌恶的。为了避免摩擦，他会表面上遵从，但在心里坚决不接受所有传统教条和准则。最后，他人的建议也被视为控制支配，即便与他的愿望一致，他也要抵抗。在这种情况下，抵抗可能也与有意识或无意识挫伤他人的渴望有关。

尽管和其他神经症患者一样，他也需要优越感，但在这里还是要强调这一点，因为这与离群有内在联系。“象牙塔”与“光荣独立”就证明了即使按通俗说法，离群与优越之间也难脱干系。也许，如果一个人既没有一定的实力和智谋，也没有感受到独一无二的重要性，那他就不可能保持孤立状态。临床经验也证实了这点。当离群者的优越感一时被打破，不管是由于实实在在的失败，还是内心冲突的加剧，他都将无法保持孤独，还可能会疯狂地寻求爱和保护。他的生活历程中常常出现这种动摇。在青少年时期或二十几岁时，虽然可能有过几段相当冷淡的友谊，但已经相对舒适自在地过着颇为孤立的生活。当他卓有成就时，还会编织未来幻想。但之后，这些梦想在现实中触礁。尽管在中学他力争第一，但到了大学，他面临严峻的竞争，因而开始逃避竞争。他第一次尝试恋爱关系失败了。他意识到，他的梦想并没有随着年龄增长而实现。于是，他开始无法忍受超然独立，而是沉浸在一种对于人类亲密关系的强迫性动力之中，例如性关系，婚姻。只要他被爱着，他就愿意屈服于任何侮辱。当这样的人来寻求精神分析治疗，尽管他的离群问题仍然明显，却无法得以解决。他原本想要的，只是帮助他找到这种或那种形式的爱。只有当他感到更强大的时候，才会如释重负般发现，自己宁愿“单身并且喜欢单身”。于是给人的印象就是他仅仅是回到了之前的离群状态。但实际上，这个问题在于他生平第一次足够坚定地承认——甚至包括对他自己——离群就是他想要的。这一刻正是解决他离群问题的适当时机。

离群者对优越感的需要具有某种特定的特征。他厌恶竞争，不想通过现实的不懈努力而有所超越。他宁愿相信酒香不怕巷子深，无须他做任何举动，别人就应该能感受到他内在潜藏的伟大。例如，在他的梦中，他可能描述有宝库深藏于偏远小镇，而鉴赏家们不远万里来到这里观摩。跟所有的优越幻想一样，这个梦也含有现实成分。隐藏的珍宝象征着他的智力与情感生活，而这种生活正是被他守护在魔法圈之中的。

另一种表现优越感的地方在于他觉得自己独一无二，这是他想要与众不同的直接结果。他可能把自己比作孤立于山顶上的一棵树，而下方丛林中的那些树却相互阻碍彼此的生长。依从型人在看着自己同伴时会默默地问：“他会喜欢我吗？”攻击型人想知道“他是个多强劲的对手？”或“他能为我所用吗？”而离群者首先关心的是“他会干扰我吗？他会影响到我或让我独处吗？”培尔·金特遇到做纽扣的人时的情形就是一个完美象征，代表了离群者对于自己跟别人待在一起的恐惧。在地狱中有自己的一席之地还行，但要被投进一个大熔炉，要被塑造成别人或适应别人，就是个可怕的想法。他觉得自己好像一块稀有的东方地毯，图案和颜色组合独一无二，永远如此。他自恃能操控环境对他的影响水平，还决定一直保持下去。对于他的一成不变，他把所有神经症固有的刻板表现提升至神圣原则的地位。他愿意甚至热情地详细阐释他的行为模式，使这种模式更纯洁、更透明，他坚信没有掺杂任何外物。尽管太简单而且不充分，但还是可以借用培尔·金特的格言：“为你自己就够了。”

离群者的情感生活并没有像其他类型那样严格遵循一个模式。个体变化之所以更大，主要是因为另两种类型的主导性倾向是针对积极目标，例如一种是喜欢、亲密、爱，一种是生存、控制、成功，而离群者的目标是消极的：他不想卷入、不需要谁、不允许谁打扰或影响他。因此，他的情感状态多半取决于这个消极框架中发展而来或许可的愿望，这方面能够阐明的离群倾向是有限的。

他有一种普遍倾向，就是压抑所有感觉情绪，甚至否认这些感受的存在。我想在这里引用诗人安娜·玛丽亚·阿米的一段未发表过的小说，因为这段内容不仅简洁表述了这种倾向，还表述了离群者的其他典型态度。主人公回忆自己的青春期时说道："我能看见一个坚固的生理纽带（例如我跟父亲之间的关系）和一个坚固的精神纽带（例如我跟心中英雄之间的关系），但我不知道这跟感觉情绪有何关系。根本就不存在感觉情绪——人们在这方面谎话连篇，就像在很多其他事情上那样。B 小姐为之震惊，她说：'但你怎么解释牺牲呢？'顿时，我对她话中的真实性大吃一惊。之后，我断定牺牲只是另外一种谎言，而且如果不是谎言，那要么是一种生理行为，要么是一种精神行为。我那时梦想独居，梦想绝不结婚，梦想无须多言、无须求助就能变强，就能平静和睦。我想为自己努力，想越来越自由，想放弃梦想以便脚踏实地。我觉得道德毫无意义，只要你绝对真实，善恶并没有分别。最大的罪恶是寻求同情或期望帮助。对我来说，灵魂是必须要守护的神殿，而在神殿里面，经常进行着古怪的仪式，只有祭司和护卫才知道。"

排斥感主要是关于对他人的爱恨情仇方面。这是需要与他人保持情感距离的必然结果，因为有意识地经历强烈的爱恨，一定会使他亲近他人，不然就是与他人发生冲突。沙利文所说的"距离机制"就很适合用在这里。人际关系之外的情感也可能被压抑，转而开始活跃于书籍、动物、自然、艺术、食物等领域。这样做相当危险。因为一个人有着深厚激昂的情感，如果没有全面压制所有感觉情绪，是不可能只压制住一部分感觉的，而且还是最重要的部分。这只是推断，但下面这些肯定是正确的。离群型的艺术家，在他们创作期间不仅感觉强烈，还能表达出来，他们常常经历一些阶段，通常在青春期，要么完全感情麻木，要么坚决否认所有感觉情绪，就像前面引用的那段。创作期似乎出现在他们拼命尝试亲密关系之后刻意或自发地让自己适应离群生活的时候，也即是，他们有意无意决定与他人保持距离的时候，或甘于一种孤立于生活的状态。这样，在安全距离下，他们可以释放和表达许多与人际关系没有直接联系的感情，这使我们能够认为，早期否认所有感觉情绪对于成功离群是必备的。

感觉情绪之所以要压制在人际关系之外，另一个原因已经在讨论自力更生时提到过，即任何可能使离群者依赖他人的渴望、兴趣或享乐都可能被视为心理叛变，并可能由此被约束。似乎对于每一种情境，在允许充分发挥感觉情绪之前，必须从是否可能会失去自由的立场来仔细审查。任何依赖的威胁都会使他回避情感。但一旦他发现这种情境非常安全，就能充分享受其中。梭罗的《瓦尔登湖》就能很好地证明在这些情况中可能有着深刻的情感体验。对于过于依赖愉悦或自由遭侵害的潜在恐惧，有时会间接使他濒临禁欲。但这是一种具有特殊性质的禁欲主义，而不是以自我否定或自我折磨为导向的。我们可能倒不如称之为自律，这种自律是基于一定假设的，并不缺乏理智。

通达自发情感体验的心理平衡状态很重要。例如，创造力可能是一种救赎。如果创造力的表达受到了抑制，再通过精神分析或其他经历释放出来，离群者的治疗成效就可能非常好，看起来就像奇迹般治愈了一样。我们必须谨慎评估这种治愈。首先，对治愈一概而论是错误的：离群者认为的救赎对别人来说不一定具有这种意义。[1] 即使对于离群者，从神经症基础的巨变这个意义上来说，这也不是严格意义上的“治愈”，而只是使他更满意且更不受干扰的生活。

越是约束情感，越倾向于强调智慧。于是，他寄希望于纯粹的理性力量能解决一切，好像仅靠有关个人问题的知识就足以治愈这些问题，或者，好像只靠理性就能解决所有世界难题！

根据我们所讨论的离群者人际关系，显而易见的是，任何亲近持久的关系都势必危及他的离群，因此势必是灾难性的，除非对方也同样离群因而自愿需要保持距离，或出于其他原因能够且愿意适应他这些需要。深爱培尔·金特并耐心等他归来的索尔维格就是理想的伴侣。索尔维格对他无欲无求，她的期望可能就像他感情失控一样令他心慌意乱。通常，他都意识不到自己的付出有多少，他觉得他将自己未曾表达过的爱意赐予了对方，这份爱意在他心中千金不换。只要能够充分保证情感距离，他可能就会保持相当持久的忠诚。他可能拥有昙花一现的激情，在这种关系中进进出出。这些关系脆弱易碎，各种因素都可能催促他回避。

对他来说，性关系可能尤其意味着通往他人的桥梁。如果短暂且不干扰他生活，他还是能享受性关系的。性关系可以说是被限制在专属的隔间里。另一方面，他可能已经把冷漠培养到了非请莫入的程度。于是，完全想象出来的关系可能取代了真实关系。

精神分析过程体现了所有我们讨论过的这些特征。当然，离群者讨厌分析，因为分析确实最可能侵扰他的私人生活。但他也有观

[1] 参见丹尼尔·施耐德在医学会上演讲的《神经症模式的运转：其创造力和性能力的扭曲》，1943 年 5 月 26 日。

察自己的兴趣，可能着迷于拓宽视野，而精神分析展示了他复杂的内心过程。他可能对梦境的伪造性质感到好奇，或对自己无意联想的倾向产生兴趣。他查证假设的乐趣，类似于科学家。他感激分析师的关注，感激分析师指出这样那样的问题，但他痛恨在他没有预见到的地方被敦促或“逼迫”。他会常常在分析中提醒建议的危险性，尽管这种危险对他还不如对其他类型的人严重，因为他全副武装来对抗“影响”。他之所以考验分析师的建议，绝非是想以理性方式来保护自己的地位，而是一如他惯常的作风，倾向于盲目婉拒所有不适用于他自己和日常生活的观点，他觉得分析师期望他有所改变特别可恨。当然，他的确想摆脱一切困扰他的东西，但必须不涉及人格上的改变。他几乎是一边乐此不疲地观察自己，一边无意识地决定维持自己。他对于所有影响的反抗只是对他态度的众多解释之一，但并不是最好的解释，稍后我们会了解到其他解释。自然而然，他与分析师之间保持着很远的距离。很长时间，分析师都只是一个声音而已。在梦中，分析情境可能表现为两个记者的越洋电话。乍看之下，这种梦好像是在表达他对于分析师和分析过程的距离感——只是准确呈现出一种在有意识状态中存在的态度。但由于梦是寻求解决途径的，而不只是描述已有感受，所以这个梦更深层的意义是渴望避开与分析师的关系以及整个分析过程，而不是让分析师以某种方式联系他。

最后一个特征在分析内外都能观察到，即离群者在防御时的旺盛精力。每种神经症都是这样。但这种情况下的反抗似乎更不屈不挠，几乎是一场生死较量，必须调动所有可用资源。早在攻击离群者之前，这场战役就已经以静悄悄的颠覆性方式开始了。将分析师置之度外就是其中一个阶段。如果分析师试图使病人相信他们之间有一定的关系，以及病人心中有这方面的问题，那他多多少少会遭到患者苦口婆心、彬彬有礼地否认。在最好的情况下，病人会表达一些他对于分析师的理性看法。如果要表现出自发的情绪反应，他就不会继续深入下去了。再者，在分析任何与人际关系有关的地方时，常常出现根深蒂固的阻抗。病人对与他人的关系相当含糊其词，以至分析师常常很难弄清楚这些关系。而这种勉为其难是能够理解的，他与别人保持安全距离，谈论这个问题无疑是令他心烦意乱的。反复尝试这个话题可能会挑起他的疑心。分析师是想让病人合群吗？（对于他来说，这令人不齿。）如果之后分析师真的向他展示一些离群的具体缺点，他就会感到害怕，并且焦躁易怒。他可能想就此退出。他的行为反应在分析之外只会更野蛮。如果威胁到超然离群与自由独立，这些通常安静、理性的人可能变得冷若冰霜或恶毒残暴。一想到参加什么活动或专业小组，而这些活动或小组还不是只交会费而已，还要求他真正参与进来，他就可能会惊慌失措。就算他们参与了，也会使出浑身解数脱身。他们可能比生命遭到攻击的人还擅于解困。就像一个病人说的那样，要在爱与独立之间做抉择，他们会毫不犹豫地选择独立。这就谈到另一个问题。他们不仅决心采取任何可行的方式保卫他们的离群，还为此不惜一切代价。通过有意识地摒弃或无意识地自动抑制任何可能干扰独立性的渴望，他会一视同仁地放弃外部利益和内在价值观。

任何大力防卫的东西必然具备压倒性的主观价值。我们只有意识到这点，才有希望明白离群的功能，并最终给治疗提供帮助。正如我们所见，对于他人的每种基本态度都有正面价值。亲近他人的人试图在为自己创建与世界的友好关系；对抗他人的人武装自己，使自己在竞争社会中生存下去；远离他人的人希望保持某种完整性，维持一定的宁静。事实上，这三种态度都是可取的，而且还是我们人类发展所必备的。只有出现并运作于神经症框架内，它们才变得强迫、刻板、不加区分并且彼此排斥。这使它们的价值逊色不少，但并不足以摧毁它们。

离群所带来的收获的确很可观。很突出的是，在所有东方哲学中，离群被当作高度精神发展的基础来追求。当然，我们无法拿这种愿望与神经症离群愿望相提并论。前者是被当作自我实现的最佳途径而自行选择的，采纳它的人只要愿意，本可以过一种完全不同的生活；另一方面，神经症离群无关选择，而关乎内心的强制力，是唯一可行的生活方式。不过，一些好处也可能来源于此，至于好处能达到什么程度，则主要取决于整个神经症过程的严重性。尽管神经症具有破坏动力，但离群者仍可能保持一定的完整性。在人际关系普遍友善诚实的社会中，这似乎算不了什么。但在一个充满虚伪、欺骗、嫉妒、残忍和贪婪的社会中，一个不太强大的人的诚实正直很容易受到伤害，保持距离有助于保护他的诚实。而且，由于神经症总是剥夺一个人内心的平静，离群可能就提供了通往宁静的林荫大道，其程度根据他愿意做出的牺牲而有所不同。再者，只要在他的魔法圈内，感情生活还没有完全死去，离群就使他能够产生一些具有独创性的想法和感受。最后，所有这些因素，加上他与世界有种深思熟虑的关系，以及相对缺乏转移注意力的事物，都有助于创造力的发展和表达，只要他还有一点点这种能力。我并不是说神经症离群是创作的前提条件，而是说，在神经症压力下，离群能够给创造力的表达提供最佳时机。

尽管这些收获可能是实质性的，但它们似乎并不是如此拼命维护离群的主要原因。事实上，如果因为这样或那样的原因，这些收获被最小化，或被随之而来的紊乱严重遮蔽，防御也会同样拼命。这方面的观察会使我们有更深入的了解。如果离群者陷于与他人的亲密关系中，他可能很容易崩溃瓦解，或用更通俗的说法，他可能精神崩溃。我在这里故意用这个词，是因为这个词覆盖了范围广泛的精神紊乱现象，例如功能性障碍、酗酒、自杀未遂、抑郁、丧失工作能力、精神病发作等。病人倾向于把紊乱与某些刚好发生在“崩溃”之前的烦心事联系在一起，有时精神病医生也会这样。警官的不正当歧视，丈夫的拈花惹草、谎话连篇，妻子的神经症表现，一段同性恋经历，大学里不受欢迎，之前生活受庇护而现在需要谋生计，诸如此类，都可以拿来归咎。诚然，这些问题的确有关系。治疗师应该引以为重，并努力弄明白具体是何种困境引发了病人什么特别的问题。但这么做并不够，因为问题仍然存在，为何病人受到如此严重的影响，为何他的整个心理平衡被一个困境搞得岌岌可危，而这个困境并不比普通的挫折严重。换言之，即使分析师知道了病人对于特定困境如何反应，还需要弄明白为何刺激与反应之间如此不相称。

要回答这个问题，我们可以指出，涉及离群的神经症倾向，就像其他神经症倾向一样，只要运转起来就会给个体带来安全感，反之，如果它们停止运作，就会引起焦虑。只要离群者能保持距离，他就相对感觉安全。如果出于某种原因，魔法圈被侵入，他的安全感就会遭受到威胁。这种考虑使我们更能明白，为何离群者在无法再保持与他人的情感距离时会惊慌失措。而且我们应该补充的是，他之所以如此惊慌，是因为他没有应对生活的技术手段。他只能保持孤独，在某种程度上可以说是逃避生活。在这里，离群的消极性质再次为其表现赋予了特殊的色彩，使其有别于其他神经症倾向。更具体地说，离群者在困境中既不能妥协，也不能反抗，既不能合作，也不能发号施令，既不能爱，也不能冷酷。他手无寸铁，就像一个动物只有一个办法应对危险，即逃避和躲藏。这种表现和类似情形出现在联想或梦中：他像锡兰的侏儒，只要躲在森林里就所向披靡，而一旦暴露就很容易被打败。他就像一座只有一面防护城墙的中世纪城镇，如果那面城墙被攻陷，城镇就没有办法抵御敌人。这种状态完全证明了他对生活感到普遍焦虑的正当性。这有助于我们明白，为了他必须顽强坚持的东西，为了他在所不惜也要保护的东西，他的远离其实是一种全面的保护手段。实际上，所有神经症倾向都有防御举动，但其他神经症倾向还尝试以一种正面的方式来应对生活。如果离群是主导性倾向，就使得一个人无法真正应对生活，以至随着时间的推移，其防御特征变得最为突出。

但是，离群者在防御反应上的奋不顾身还有更深层次的原因。威胁离群，“用力冲撞城墙”，往往不仅仅意味着暂时的惊慌。可能出现的结果类似于精神病发作中的人格分裂。如果在精神分析中，离群开始瓦解，病人不仅会忧虑不安，还会出现直接和间接的恐惧表现。例如，可能害怕陷入无形的人流中，主要是害怕失去自己的独特性，还害怕无助地遭受到攻击型人的强迫和剥削——这是他完全不能自卫的结果。但仍然有第三种恐惧，即害怕精神错乱，这种恐惧可能非常强烈，以至病人想要积极防御这种可能。在这里，精神错乱并不是指发狂，也不是想要不负责的反应。而是直接表达被分裂的恐惧，常常表现在梦和联想中。这就表明，放弃他的离群会使他面对自己的冲突，他无法拯救自己，只会被劈开，病人所描述的画面就是自己像被雷劈的树。其他观察资料也证实了这个假设。高度离群的人几乎无法克服自己对于内心冲突的反感。之后他们会告诉分析师，当分析师谈到冲突时，他们完全不知道他在说什么。当分析师向他们展示了他们心中的冲突，他们会微妙地并带着精湛的无意识技巧回避这个话题。相反，在他们打算承认冲突之前，如果他们有一瞬间意识到了冲突，就会惊慌失措。当他们之后在更安全的基础上认识到了冲突，则会更加离群。

因此，我们得出一个乍看之下令人困惑的结论：离群是基本冲突的固有部分，但也是对抗基本冲突的保护手段。然而，如果我们更为具体的话，这个困惑便迎刃而解。它是对抗基本冲突中的两个活跃部分的保护手段。这里我们必须重申，一种占优势的基本态度并不会妨碍其他矛盾态度的存在和发挥作用。相比于我们讨论过的另外两种类型，我们在离群人格身上能更清楚地看到动力的这种表现。首先，相互矛盾的追求往往会表现在生活历程中。在这类人明确接受自己离群之前，往往会经历依从与依赖的阶段，也会经历攻击与冷酷叛逆的时期。与另外两种人清楚明确的价值观相比，离群者的价值观最矛盾。他除了始终会高估自己视之为自由和独立的东西，还可能有时在分析中高度赞赏人的善良、同情、慷慨、谦虚和牺牲，有时又摇身一变，转向完全冷酷自私的丛林法则。他自己可能对这些矛盾困惑不已，但通过合理化，他会努力否认它们的冲突性。如果分析师没有清楚认识到这种人格结构，就会很容易被弄糊涂。他可能并没有远离其中一条路，就试图顺着另一条路走，因为他一次又一次地逃进自己的魔法圈中，关掉所有大门，就像关闭防水的船窗壁。

离群者特有的“阻抗”后面潜藏着完美单一的逻辑。他不想与分析师有关系，不想把医生当作人类。他全然不想真的分析自己的人际关系。他不想面对自己的冲突。而且，如果我们明白了他的前提，就能看到，他甚至没有兴趣分析任何因素。他的前提是有意识地确信：只要他与他人保持安全距离，就不需要操心自己与他们的关系；唯有远离他人，关系的紊乱才不会使他心烦；即使是分析师所说的那些冲突，也能够且应该让它们暂停，因为它们只会使他心烦；没必要把事情理清楚，反正他会毫不动摇地保持离群状态。正如我们所说的，这种无意识推理在逻辑上是正确的——在某种程度上。他所忽略的，以及他长时间所拒绝认识到的，是他不可能在真空中成长和发展。

那么，神经症离群最重要的功能就是避开主要冲突，这是对抗冲突最激进有效的防御方式。这是创造伪和谐的众多神经症途径之一，即试图通过逃避来解决问题。但这并不是真正的解决办法，因为强迫追求亲近，以及强迫追求攻击性的控制、剥削与优越性，就算不会使他们动弹不得，也会一直烦扰他们。最后，只要矛盾的价值观持续存在，他们就永远不可能获得真正的内心和平或自由。

第六章　理想化意象

通过讨论神经症对他人的基本态度，我们知道了他用以解决冲突的两种主要方式，或更确切说，是应付冲突的方式。其中一个在于压抑人格的某些方面，将其对立面置前；另一个是使自己与他人保持一定距离，使得冲突无从发生。这两种方式都能使个体感觉到统一性，使他能够有所活动，即使他牺牲巨大。[1]

这里所要描述的是神经症患者的进一步尝试，即创建一个意象，使他相信自己是这个样子的，或他当时觉得自己能够或应该是这个样子的。有意识或无意识地，这个意象往往在很大程度上脱离了现实，尽管它对他生活的影响是真实存在的。更重要的是，它往往具有讨他欢心的性质，就像《纽约客》中的漫画所证明的那样，很多中年妇女在镜子中看见自己是一个苗条的少女。理想化意象的具体特征取决于人格结构，也随人格结构的不同而有所不同：可能突出的是美

[1] 赫尔曼·纳恩伯格在他的论文《自我的合成功能》(载《国际精神分析》1930年)中研究过这个追求统一性的问题。

好，也可能是权力、智力、天赋、圣洁、诚实或任何他需要的。准确地说，从这个词的本义来看，这个意象是不切实际的，它使人妄自尊大，尽管自大与傲慢是同义词，但自大意味着妄称自己具有自己所不具备的品质或能力。而且这个意象越是不现实，就越使人脆弱，就越渴望外界的肯定和认可。我们并不需要证实自己确实拥有的品性，但一旦有人质疑这种虚假的品质或能力，我们就会极为敏感易怒。

我们可以观察到，这种理想化意象在精神病的自夸妄想中最为露骨，在神经症中，这种意象的性质在原则上也如出一辙。虽然理想化意象中幻想的成分更少，但对他们来说可能同样真实。如果我们把脱离现实的程度视为区分精神病和神经症的标志，我们可能会认为理想化意象是神经症中精神错乱的表现。

理想化意象在本质上是种无意识现象。尽管神经症患者的自我膨胀可能在没有经验的观察者看来也是极为明显的，但他依旧没有意识到他正在将自己理想化。他也不知道这些品性汇集在一起有多古怪。他可能隐约觉得自己的自我要求高，但他错把这种完美主义的苛求当作真正的理想，所以绝不会质疑这些要求的正当性，反而还引以为傲。

他创造的意象如何影响其对自己的态度是因人而异的，而且绝大程度上取决于他的兴趣点。如果神经症患者的兴趣在于认定自己是那个理想化意象，他就会相信自己真的是天才、精英，他的瑕疵都是天赐的。[1] 如果他关注的是现实自我，通过与理想化意象比较

[1] 参见《伍尔科特读者Ⅱ》中安妮 · 帕里什所写的《跪拜》，花园城市出版公司 1939 年版。

而严重鄙视现实自我，患者妄自菲薄的行为就会处于明显地位。由于被贬损的自我形象与理想化意象一样脱离现实，所以可以称其为被藐视的意象。最后，如果他关注于理想化意象与现实自我的反差，那他所能意识到，以及我们所能观察到的，就是他不断尝试缩短差距，不断鞭策自己尽善尽美。这样一来，他就会喋喋不休地重申“应该”这个词。他会向我们唠叨他应该怎样感觉、怎么想、怎样做。他相信自己实际上是可以尽善尽美的，只要再对自己更严格、更自控、更机敏、更谨慎周到，这就暴露了他骨子里和天真的“自恋”的人一样相信自己本能够达到完美的。

相较于真实可靠的理想，理想化的意象是静态的。它不是患者追求成就的目标，而是他所尊崇的固定信念。而理想是动态的，它唤起趋近理想的动机，它是成长和发展不可或缺的宝贵动力。理想化意象是成长的决定性障碍，因为它要么否认缺点，要么只是谴责缺点。真正的理想使人谦虚，而理想化的意象使人骄傲。

不管如何定义，这个现象已经被公认已久。有史以来的哲学著作都提到过。弗洛伊德将它引入神经症理论，赋予其不同的名称：自我理想、自恋、超我。它构成了阿德勒心理学的中心论题，被描述为追求优越。如果详细阐述这些概念与我的观点的异同[1]，那就离题太远了。简而言之，所有这些概念都只涉及理想化意象的某一个方面，而没有把它看作一个整体来看。因此，尽管除了弗洛伊德和

[1] 参见卡伦 · 霍妮在《精神分析的新方向》中对弗洛伊德的自恋、超我和内疚感的批判性检验；同时参见埃里希 · 弗洛姆的《自私与自恋》。

阿德勒，还有很多其他作者（例如弗朗茨·亚历山大、保罗·菲德尔、伯纳德·格鲁伊克和厄内斯特·琼斯）都探讨和评论过这个问题，但都没有认识到这个现象的全部意义及其功能。那么，它的功能是什么呢？显而易见，它满足了至关重要的需要。不管作者在理论上的解释有多不同，他们都认同一点，即它相当于神经症的要塞，难以动摇，甚至难以削弱。例如，弗洛伊德认为这种根深蒂固的“自恋”态度是治疗中最严重的障碍。

首先，理想化意象最基本的功能或许就是取代了现实中的自信和自尊。一个最后成为神经症的人，几乎没有机会建立起原始的自信，因为他曾遭遇过毁灭性的经历。这种自信即便是有，也会在神经症发展过程中进一步削弱，因为自信所必不可少的条件危如累卵。三言两语很难说清楚这些条件。最重要的因素是情感精力的活力与有效性、个人真实目标的发展和主宰自己人生的能力。不管怎样，只有当这些东西遭到破坏，才会发展出神经症。神经症倾向会损害自主性，因为这样一来，一个人是被驱使，而不是做自己的驱使者。而且，神经症患者对他人的依赖性一直在持续削弱他决定自己道路的能力，不管依赖的形式是什么——盲目反抗、盲目追求优越、盲目远离他人都是依赖他人的形式。再者，通过抑制各方面的情感精力，患者的情感彻底陷入瘫痪。所有这些因素都使得他不可能发展自己的目标。最后一点也很重要，基本冲突使他内心有分歧。神经症患者因此被剥夺了实质性的基础，所以必须夸大自己的重要性与权力感。这也是为何理想化意象永远都让人带有自己无所不能的想法。

第二个功能跟第一个有密切联系。神经症患者并不是在真空中感到脆弱，而是在充满敌人的世界中，这些敌人准备欺骗他、羞辱他、奴役他、挫败他。他因而必须不断地拿自己同他人较量和比较，不是因为虚荣或任性，而是非常迫不得已。而且由于他骨子里就觉得软弱是可鄙的，正如我们后面会看到的，所以他必须寻找某种东西让他觉得自己比别人更好、更有价值。不管他所采用的形式使自己感觉更神圣还是更残酷，更富有爱心还是更愤世嫉俗，他都必须要在心里感到某种方式的优越，不管驱使他的是何种具体动力。通常，这种需要包括想要击败他人的种种成分，因为不管是什么神经症结构，都总是具有脆弱之处，总是以防被轻视、被羞辱。对报复性胜利的需要，这种需要可能主要存在于神经症患者的心中；它可能是有意识的，也可能是无意识的，但它是神经症优越感需要的驱动力之一，并为优越感需要赋予特殊的色彩。[1] 我们文化中的竞争精神通常不仅有利于形成神经症——通过造成人际关系的紊乱，还尤其供养了非凡卓越的需要。

我们已经看到了理想化意象是如何取代真正的自信。但它作为替代物仍然还有其他方式。由于神经症患者的种种理想是矛盾的，所以不可能具有所必备的力量，它们始终模糊不清，无法给他任何指引。因此，如果不是因为努力成为自创的幻象而为他的生活赋予了某种意义，他多半会觉得自己完全没有目标。在精神分析过程中，当破坏了他的理想化意象后会让他一时感到茫然若失，这一点便尤为明显。而且只有这样，他才会承认自己在理想问题上的困惑，才会因为不值得追求理想化意象而开始受到冲击。在这之前，整个话

---

[1] 参见本书第十二章。

题都越过了他的理解力和兴趣，不管他在口头上说得多好，现在他才第一次意识到理想是具有某种意义的，而且想知道自己的理想到底是什么。我得说，这种体验证明了理想化意象取代了真实理想。理解这个功能对于治疗具有重要意义。分析师可能在更早期就向病人指出了他价值观中的矛盾。但他不要指望病人在这个话题上有任何建设性的兴趣，因此，只有当理想化意象变得可有可无时，他才可能会处理这个问题。

相对于理想化意象的其他功能，有个功能更能解释这个意象的刻板性。如果在我们内心的镜子里，总把自己看作是道德模范或智力典范，那么即使是我们最显眼的错误和缺陷也会消失，或染上富有魅力的色彩，就像在一幅好画中，一面破旧腐坏的墙一改往日旧象，而是变成褐色、灰色和淡红色的迷人组合。

我们可以更深刻地理解这种防御功能，只要我们提出一个简单的问题：一个人视自己的错误和缺点为何物？这是乍看之下无从下手的诸多问题之一，因为我们一开始会想到无数种可能性。然而，仍然有一个相当具体明确的答案。一个人视自己的错误和缺点为何物取决于他接受或拒绝自己的哪些地方。然而，在相同文化背景下，他接受或拒绝自己哪些地方又取决于基本冲突的哪个方面占主导。例如，依从型人不认为自己的恐惧或无助是一个污点；而攻击型人会认为这种感受是种耻辱，会想对自己和别人掩藏起来。依从型人把自己的敌意性攻击行为视为罪恶，攻击型人认为自己的柔情是可鄙的软弱。此外，依从型人不得不否认自己其实并不是一个富有爱心、宽宏大量的人；离群型的人并不愿见到自己的超然离群并不是自己的自由选择，也不想知道他必须隔离是因为他无法应对他人等。通常，二者都拒绝施虐倾向（后面会讨论到）。我们因而得出结论，那些被视为缺点并被予以拒绝的东西，就是不符合他对他人的主导态度所建立的一贯作风的东西。而且我可以说，理想化意象的防御功能就是否定冲突的存在，这也是为何它必须如此坚定不移。在认识到这点之前，我曾经很惊讶，为何病人如此难以接受自己没那么重要、没那么优秀。但看到这一点，答案就很清楚了。他无法做丝毫的让步，因为承认某些缺点会使他面对自己的冲突，从而危及他建立起来的伪和谐。因此，我们可以在冲突强度和理想化意象的刻板性之间找到相关，即可以从特别煞费苦心的刻板意象推断出特别具有破坏性的冲突。

除了已经说过的四种功能之外，理想化意象还有第五种功能，也跟基本冲突有关。相比于仅是掩饰冲突不可接受的部分，理想化意象还有更积极的作用。它代表着某种艺术化创造，在这种创造中，对立面似乎得以调和，或至少对他来说不再表现为冲突。有几个例子能展示这是如何发生的。为了避免长篇大论，我会只列举当前的冲突，并展示它们是如何出现在理想化意象中的。

患者 X 的冲突主导方面是依从，即极度需要爱和支持，想要被照顾、被同情，想要宽宏大量、体贴周到、富有爱心。第二个突出之处是离群，即讨厌加入群体，强调独立，害怕关系纽带，敏感于强制力。离群总是与对亲密关系的需要相冲突，这源源不断地导致他与女性关系的紊乱。攻击性动力也十分明显，表现在他必须在任何情境中当第一，间接支配他人、时而剥削他人以及无法容忍任何干涉。自然而然，这些倾向大大减损了他爱和交友的能力，而且还和他的离群相冲突。他并没有意识到这些动力，还伪造了一个理想化意象，这个意象由三种意象组成。首先，他是个很棒的爱人和朋友——难以想象哪个女人会更喜欢除他之外的另一个男人，没人像他那么善良美好。其次，他是他所处时代中最伟大的领袖，是令人敬畏的政治天才。最后，他是个伟大的哲学家，是个智者，为数不多地洞悉了生命真谛的天才之一。

理想化意象并不是完全幻想性的。他在各个方面都极具潜力。但这些潜力已经被提升到了既成事实的水平，已经被提升为伟大独特的成就。再者，动力的强迫性性质已经被遮掩，替换成了相信自己具有与生俱来的品性和天赋。他觉得自己有爱的能力，而不是对爱和支持有神经症需要；他觉得自己有出众的天赋，而不是超越他人的动力；他觉得自己独立、英明，而不是需要超然离群。最后且最重要的是，冲突通过下列方式被驱除：在现实生活中，动力互相干扰，阻碍他发挥任何潜力，而现在这些动力被提升到抽象完美的范畴，表现为一种丰富人格中彼此兼容的几个方面；这些动力代表着基本冲突的三个方面，而这三个方面与组成他理想化意象的三种意象是孤立无关的。

另一个例子能使我们更清楚地说明把各个冲突元素分开的重要性。[1] 患者 Y 的主导性倾向是离群，一种相当极端的离群，而且具

[1] 在那个双重人格的经典例证中，即罗伯特 · 路易斯 · 史蒂文森的《化身博士》，主要思想就是围绕着人性冲突元素分离的可能性。认识到内心善恶分裂得有多么彻底之后，哲基尔医生说：“从很早以前……我学会了愉悦地思考这些元素的独立问题，就像做一场可爱的白日梦。我告诉自己，如果每个元素只待在单独的身份中，生活便如释重负。”

备前面讲过的所有内涵。他的依从倾向也很明显，尽管因为与他对独立的渴望格格不入，Y 自己已经把它从意识中关闭了。有时，对至善的追求会强制性地突破压抑的外壳。对人类亲密关系的渴望是有意识的，而且不断地与他的离群相冲突。他只能在自己的冥思遐想中变得冷酷无情、具有攻击性：他沉浸在大规模破坏的幻想中，真心想要杀掉所有干预他生活的人；他宣称自己信仰弱肉强食的生活哲学——强权即公理的信条，以及冷酷无情地追求个人利益，它们是唯一明智且表里如一的生活方式。然而，在他的实际生活中，他非常胆怯，只在某些环境下才实施暴力。

他的理想化意象即是下面这种奇怪的组合。大多数时候，他是个住在山顶的隐士，具有无限的智慧和宁静。在极少数时候，他会化身成狼人，毫无人性，醉心于杀戮。而这两种不相容的意象似乎还不够，他还是一个理想的朋友与情人。

在这里我们看到，他同样否认神经症倾向，同样自大，同样错把潜力当现实。然而在这种情况下，他并没有尝试调和冲突，矛盾仍然存在。但相对于真实生活，它们似乎无比纯粹。因为它们没有相互干扰，而且这点似乎是他所期待的。这样冲突就消失了。

最后一个例子的理想化意象更为统一：患者 Z 的现实行为是以强烈的攻击倾向占主导，并伴随着施虐倾向。他专横跋扈，倾向于剥削他人。受强烈的野心驱使，他残酷地向前奋进。他可以出谋划策、组织规划、奋勇搏斗，而且有意识地信守绝对的弱肉强食哲学。他也极度离群，但由于他的攻击动力总是把他卷入人群，他就无法保持超然独立。然而他严防死守，既不让自己涉足任何私人关系，也不让自己享受任何由人所带来的乐趣。在这点上，他大获全胜，因为对他人的好感被极大地压抑了，对人类亲密关系的渴望也主要被引向性方面。然而，当前他还是有明显的依从倾向，以及干涉他权力追求的支持需要。而这中间还潜藏着清规戒律，这些戒条主要被当作皮鞭，抽打与他弱肉强食哲学相冲突的人，当然，他也情不自禁地这么对待自己。

在他的理想化意象中，他是个身着闪亮铠甲的骑士，是高瞻远瞩的改革者，一向追求权力。当他作为英明的领袖时，他铁面无私，赏罚分明。他诚实不做作，女人们都爱他，他也是个好情人，但他并不会离不开任何女人。这里和其他情况一样，实现了同一个目标：冲突的各种元素得到了调和。

因此，理想化意象是尝试解决基本冲突的途径，和我讨论过的其他途径一样重要。它具有巨大的主观价值，可以用作黏合剂，可以聚拢分裂的个体。而且，尽管它只存在于这个人的心中，却还是对他和他人的关系产生了决定性的影响。

理想化意象可能被称作虚构或虚幻的自我，但这只说对了一半，因而也是种误导。这其中的愿望思维确实很明显，尤其因为这些人并没有基于一个牢固的现实基础。但这并不会导致它完全虚幻无实。这个富有想象力的作品与种种非常现实的因素交织在一起，并为这些因素所决定。它往往包含了这个人真挚理想的踪迹。虽然这些浮夸的成就是虚妄的，但潜藏在背后的潜力往往是真实的。更关键的是，它出自非常真实的内心需要，它有非常现实的功能，而且对于创造者有着非常现实的影响。创造过程有非常明确的规律，因而了解了其特有的特征，就能准确推断出这个人真正的人格结构。

但无论理想化意象中交织了多少幻想，对于神经症患者自己来说，它都具有现实价值。它建立得越牢固，他就越觉得自己是这个理想化意象，而他的真实自我则相应失色。因为理想化意象的功能性质，他的真实自我也就相应淡化。其中任何一个功能都旨在抹杀真实人格，把焦点放在理想化意象上。回顾众多病人的个案史，我们就会相信理想化意象的建立常常是救命稻草，这也是当他的意象被攻击时，为何他所持有的阻抗完全是正当合理的，或至少是有逻辑的。只要他的理想化意象对他来说是真实完整的，他就能感觉到重要性、优越感与和谐，尽管这些感觉是虚幻的。这样他就觉得，基于他自以为的优越性，他有资格提出任何要求和声明。但如果他容许它遭到削弱，他就会很快遭到威胁，要面对自己所有的软弱，没有权利提出特殊要求，以及相对不重要的意象甚至（在他自己眼里）是遭人鄙视的意象。更可怕的是，他要面对自己的冲突和被分裂的恐惧。他听到了一个福音，即这可能让他有机会成为更好的人，而且胜过他理想化意象所带来的所有光彩，但这个福音长期以来都对他毫无意义。这是他所害怕的冒险举动。

由于极具主观价值，如果不是因为有巨大缺陷，理想化意象的地位本是牢不可破的。因为其中涉及虚构的元素，所以整个建筑物一开始就是摇摇欲坠的。这是一间满载炸药的宝库，它使个体脆弱不堪。外界任何质疑或批评，察觉到他不符合那个理想化意象、任何对内心驱动力的洞察等都会使其坍塌或爆炸。他必须约束自己的生活，以免遭受这种危险。他必须回避自己不受赞赏或认可的情境。他必须逃避他可能胜任不了的任务，他甚至可能极度反感任何努力。对他来说，他是一个有天赋的人，仅是构想他可能画的一幅画，就已经是大师级画作了。任何平凡人都可以通过刻苦奋斗而有所成就；对他来说，让他也像每个汤姆、迪克、哈利那样，就等于是承认自己并非天才，因而是种羞辱。由于任何现实成就都离不开努力，所以他这种态度所挫伤的正是他被迫要达到的目的。他的理想化意象与真实自我之间的差距拉大了。

他依赖于他人无止无尽的肯定，如支持、赞赏、奉承，然而任何形式都只能给他一时的安全感。他可能无意识地憎恨每个傲慢的人，或某方面比他优秀的人，如更坚定自信、更沉着稳重、更见多识广，这个人危害到他对自己的印象。他越是不顾一切地坚信他就是自己这个理想化意象，他的恨意就越强烈。或者，假如他压抑了自己的傲慢自大，他可能会盲目崇拜那些宣扬自己的重要性且举止傲慢的人。他爱的是在他们身上体现出的他自己的理想化意象，当他逐渐意识到他如此崇拜的偶像其实只关心他们自己，只关心他对他们的恭维奉承，就不免失望至极。

也许，理想化意象最可怕的缺陷是接踵而来的疏远自我。如果不脱离自我，我们就无法抑制或消除我们的本质部分。这是神经症过程逐渐产生的变化之一，尽管观察不到这些过程的基本性质。这个人完全意识不到他真正感觉到什么、喜欢什么、讨厌什么、相信什么——简而言之，他究竟是什么样的。不知道这点，他就可能活在自己的理想化意象中。巴里[1]的《汤米与格丽泽尔》中的汤米比任何临床描述更能说明这个过程。当然，如果不是因为在无意识伪装和合理化的蛛网中无法自拔，他也不可能是这种表现。他对生活失去了兴趣，因为并不是他在生活；他无法做决定，因为他不知道他到底想要什么；如果困难不断增加，他可能会充满不真实的感觉——他始终感觉自己不真实的状况恶化了。要明白这种状况，我们必须意识到他的内心世界蒙着不真实的面纱，这层面纱势必会往外扩散。最近有个病人将整个情形概括为："如果不是因为现实，我本来会无比安好。"

最后，尽管理想化意象是用来消除基本冲突的，还以有限的方式做到了这点，但同时也使患者的人格产生了新的裂口，而且比最初那个更危险。一般说来，一个人之所以建立起自己的理想化意象，是因为他无法忍受自己现实中的面貌。理想化意象显然抵消了这个祸患；但他把自己置于崇高地位，仍然难以忍受真实的自我，而且开始愤怒以对、看不起自己，在不可能达成自我要求的枷锁中焦躁不安。于是他摇摆于自恋与自贱之间，徘徊于理想化意象与被藐视的意象之间，没有坚固的中间立场可依靠。

因此，强迫性的矛盾追求之间出现了新的冲突，内心紊乱强行实施内部的独裁专制。而且，他对于内心独裁的反应，就像一个人可能对于政治独裁的反应一样：他可能认同它，也即是感觉自己如独裁者说的那样美好；或者他可能要踮起脚尖来努力达到这些要求；

[1] 巴里（1860—1937）：英国作家。

或者他可能反对强制，拒不承认强加的义务。如果他是第一种反应，我们的印象就会是他是一个“自恋”的人，他不会接受批评，于是，已有的裂口并不是有意识感觉到的那样。第二种情况是完美主义者，即弗洛伊德所说的超我类型的人。第三种情况中，这个人似乎不对任何人或任何事负责，他倾向于动荡不定、不负责任以及持否定论。我特意讲到这些印象和表现，因为不管他是什么反应，他从根本上一直是焦躁难安的。即使是反叛类型的人通常也相信，在他努力推翻的强制标准下，他是个“自由的”劳工，尽管他仍然处于自己理想化意象的魔爪中，这可能只表现为他把那些标准当作鞭子来鞭策别人。[1] 有时，一个人会经历在两种极端中交替变化的时期。例如，他可能一段时间试图超常“善良”，可完全没有得到慰藉，然后又倒向另外一极，极力反对任何标准。或者，他可能从明显的极度自恋转变到完美主义。更常见的是这些相异态度的组合。根据我们理论的理解，所有这些东西所指出的事实是：没有哪种尝试是令人满意的；它们都注定失败；只能视作逃离无法忍受的处境所做的绝望的努力；当他处于任何无法忍受的处境之中时，他会尝试各种不同的手段，如果一个失败了，就再诉诸另一个。

所有这些后果结合起来，建立了一个强有力的屏障，以对抗真正的发展。这个人无法从自己的错误中吸取教训，因为他看不见自己的错误。虽然他的说法并非如此，但实际上他一定会失去自我成长的兴趣。当他谈到成长，他所想的只是一个无意识理想，即创造

[1] 参见本书第十二章。

一个更完美的理想化意象，一个毫无瑕疵的意象。

因此，治疗任务就是让病人认识到自己理想化意象的所有细节，帮助他逐渐明白这个意象的所有功能与主观价值，并且向他展示这个意象必然引起的痛苦。于是他便会开始怀疑这个代价是否太大了。但只有大大减少创造这个意象的需要，他才可能放弃这个意象。

第七章　外化作用

我们已经看到了，为了缩小真实自我与理想化意象的差距，神经症患者诉诸的所有伪装都只是拉大了这个差距。但是，因为这些意象具有巨大的主观价值，所以他必须坚定不渝地努力与之妥协。他的处理方式各式各样，有些方式会在下一章讲。这里，我们只限于讨论不如其他方法那么耳熟能详的一种方式，这种方式对神经症结构的影响特别深刻。

我把这种尝试方式称为外化作用，指的是他倾向于把内部过程体验成好像发生在他自身之外，还常常用这些外部因素去解释自己的种种困境。它与理想化的目的一样，都是远离真实自我。但是对于理想化，修饰和再造现实人格的过程可以说仍然在自身范围内，而外化作用却意味着彻底放弃自我的领土。简而言之，一个人可以在自己的理想化意象中躲避自己的基本冲突，可是，一旦现实自我与理想化意象的差距达到某种难以忍受的程度，他就无法再诉诸任何自己内心的东西。于是唯一可行的就是完全逃离自己，把一切问题都隔离在自我之外。

其中有一些现象可以用投射来概括，投射意味着是个人困境的客观化。[1] 通常使用投射时，指的是由于主观上的拒绝倾向而将过失与责任转嫁给他人，例如怀疑别人具有他自己的那些背叛、野心、支配、自以为是、懦弱等倾向。从这点上看，这个词是完全可用的。然而，外化作用是种更全面广泛的现象，转嫁责任只是其中一部分。他不仅把自己的错误体验成别人的，还在某种程度上把所有感受也体验成别人的。一个倾向于外化的人，可能为小的压迫行为感到深深不安，然而却没有意识到他自己感受到了多少压迫。他可能没有感觉到自己的失望，而在情感上把失望体验成别人的。这个关系中最重要的是，他没有意识到自己对自己的态度，例如，当他其实是对自己生气时会感觉别人在生他的气。或者，他会有意识地生别人的气，而其实是在针对自己。再者，他不仅把自己的紊乱归咎于外部因素，还把自己的好心情或成就也归咎于外界。他的失败看起来是天意，而他的成功被归为机遇，他的兴致昂扬也是因为天气等。

当一个人觉得自己的生活无论好坏都取决于其他人时，那么从逻辑上讲，他应该一心只想着改变他们、改造他们、惩罚他们、保护自己不受他们的侵扰或令他们刮目相看。这样一来，外化作用会导致对他人的依赖，然而，这种依赖与爱的神经症需要所造成的依赖截然不同，它还会导致过度依赖外部环境。这个人是住在城市还

[1] 这个定义是爱德华·斯特里克尔与肯尼思·阿佩尔在《发现我们自己》(麦克米兰出版公司 1943 年版) 中提出来的。

是郊区，是这种饮食还是那种饮食，早睡还是晚睡，任职于这个委员会还是那个，这些事情对他来说都无比重要。因此，他习得了荣格所说的外倾性的人格特质。但荣格认为外倾性是先天倾向的单面发展，而我认为，它是通过外化来试图消除未解决冲突的结果。

外化的另一个不可避免的产物就是空虚和肤浅的痛苦感受。这个感受也没有被分配到恰当之处。他感觉到的不是这种情感上的空虚，而是把它体验成饥肠辘辘，试图通过强迫性进食来消除这种感觉。或者，他可能害怕体重不足，使他像羽毛一样翻来覆去，他觉得任何暴风雨都可能把他吹走。他可能甚至会说，如果什么都拿来分析，他就只是个空壳了。外化作用越彻底，神经症患者就越像个幽灵一样飘来飘去。

这个过程的含义很多。现在让我们看看，它是如何特别有助于减缓自我与理想化意象的紧张状态。由于不管一个人如何有意识地看待自己，二者的差异都会产生无意识的负面影响，他越将自己等同于这个理想化意象，他的反应的无意识程度就越深。最常表现为自轻自贱、对自己大发脾气以及强制感，这些东西不仅令人极端痛苦，还以各种方式剥夺一个人的生活。

自轻自贱的外化作用可能采取的形式是鄙视他人，或觉得别人看不起他。两种形式都经常出现，哪一个更占主导或更有意识，取决于神经症人格结构的整个构成。一个人越具有攻击性，就越觉得自己正确无误、优越无比，越容易鄙视他人，也越不可能觉得别人会轻视他。相反，一个人越顺从，他对于没有达到理想化意象的自我谴责就越使他觉得别人不需要他。后者的效果特别具有损害性。

它使一个人害羞、呆板、沉默寡言。它使他过于感激（的确是低三下四地感激）别人对他的任何爱或赞赏。同时，他甚至无法从表面价值上接受真挚的友谊，而是当作不应有的施舍而茫然接受。它还使他无力对抗傲慢的人，因为他部分赞同他们，而且他觉得不被人放在眼里是很正常的事。自然而然，这些反应会滋生怨恨，如果压抑并且堆积这些怨恨，就可能聚集出爆炸性的力量。

尽管如此，外化形式的自轻自贱体验具有明显的主观价值。要感受自己所有的不屑一顾，就会粉碎他伪造的安全感，那神经症患者可能步入崩溃的边缘。被他人鄙视是足够令人痛苦的，但他还总是希望能够改变他们的态度，或以其人之道还治其人之身，或在内心保留关于他们不公平的看法。当一个人自我轻视时，所有这些东西便都不起作用了，而且这是投诉无门的。神经症患者关于自己的所有无意识的无助感都会逐渐显现。他不仅会开始鄙视自己现实的弱点，还觉得自己彻头彻尾是个令人鄙夷的人。因此，甚至他的优良品质也会坠入毫无价值感的深渊之中。换言之，他会觉得自己是他藐视的那个意象，他会视之为不可逆转的事实，因为这无可救药。这就表明，在病人的无助感被削弱且不那么依赖理想化意象之前，可取的治疗程序是不要触及自轻自贱这一块。只有这样，病人才能够面对这一点，才会开始意识到自己毫无价值并非客观事实，而是一种来源于他那种苛刻标准所造成的主观感受。如果对自己采取更宽容的态度，他就能看到这个处境并不是不可逆转的，他如此反对的品质并不是真的那么卑劣，而只是他最终能够克服的困难。

除非我们考虑到，维持他就是自己理想化意象的假象对他来说有多重要，否则我们不能理解神经症患者对于自己的愤怒以及呈现的规模。他不仅对自己无法达到这个意象感到失望，还大为光火，这是因为他一直觉得这个意象是无所不能的。不管童年时期对他不利的障碍有多不可逾越，他作为万能者，本应该能够克服。即使他在理智上认识到他的神经症纠葛有多严重，但他还是对自己没能消除障碍感到一种无力的愤怒。当他面对冲突性动力并意识到自己无力实现种种矛盾目标时，这种愤怒就会达到极值。这也是为何突然意识到冲突会使他陷入严重的惊慌之中的原因之一。

对自己愤怒的外化作用有三种主要途径。带有敌意的宣泄不受约束，愤怒就很容易被推向外。于是愤怒转向他人，看起来要么是普遍性的烦躁易怒，要么是特别针对别人身上的错误，而这个错误正是他讨厌出现在自己身上的。举一个例子可能更能说明这个问题。一个病人抱怨自己丈夫优柔寡断。由于一件小事上的优柔寡断，她激动狂躁，明显不合情理。了解了她自身的优柔寡断之后我指出，她的狂躁其实是在无情地责难自己身上的优柔寡断。于是，她突然气得发疯，觉得有一股冲动想把自己撕成碎片。在她自己的理想化意象中，自己是力量之塔，这使她不可能忍受任何自身的弱点。最特别的是，尽管这种反应令人十分吃惊，但在下次会谈时却被忘得一干二净。她在一霎间看到了外化作用，但并不打算放弃。

第二种途径采取的形式是，有意无意地持续性害怕或预感他所无法忍受的错误会触怒他人。一个人可能非常确信他这方面的行为会挑起深深的敌意，因而如果没有遭遇敌意反应，他可能真的感到不知所措。例如，有一个病人，她的理想化意象包括想要像维克多·雨果的《悲惨世界》中的神父一样善良，她万分惊讶地发现，每当她坚定立场，甚至是发怒，人们反而比她表现得像个圣人时更喜欢她。正如我们从这种理想化意象中推测的一样，这个病人的主导性倾向是依从。依从始于她想要亲近他人的需要，通过她对敌意反应的预感得以加剧。事实上，依从的加剧也是这种外化形式的主要后果之一，这一点也说明了神经症倾向是如何在恶性循环中彼此不断增益的。强迫性依从因为理想化意象而增长，这个理想化意象的构成中包含了圣洁慈爱的成分，驱使他更严重地自我消解。于是，作为结果的敌意冲动又激起对自我的愤怒。然后敌意的外化，导致对他人的恐惧增加，反过来又加剧了依从倾向。

第三种外化敌意的方式在于身体障碍。对于自我的愤怒，一旦不是体验为这种感受，就能明显导致相当严重的生理紧张，可能表现为肠道疾病、头痛、疲乏等。这就使我们看到，一旦愤怒本身被有意识地感觉到，所有这些症状会消失得如闪电那般快。有人可能会心怀疑虑，到底是称这些生理表现为外化作用，还是仅把它们视为受压抑愤怒的生理后果。但我们很难辨别出病人是利用了哪些表现。通常，他们迫不及待地渴望把自己的心理问题归于生理疾病，然后又反过来把生理疾病归为某种外部刺激。他们很想证明自己没有心理问题，他们只是因为吃错东西而患了肠道疾病，或因为过劳而疲乏，或因为湿气而忍受风湿，等等。

至于神经症患者通过外化自己的愤怒而实现了什么，可以说跟自轻自贱的情况一样。然而，还应该补充一点，除非认识到这种自我破坏性冲动的真实危险，否则我们无法完全明白这种病人的竭力程度。第一个例子中所说的病人只有片刻的撕裂自己的冲动，但神经症患者可能真的会这么做，而且会自残。[1] 很可能，如果不是因为外化作用，还会发生更多的自杀。意识到自我破坏性冲动的威力，弗洛伊德也确实应该假设一种自我破坏性本能（死本能），尽管通过这个概念，他阻挡了真正弄清问题的道路，从而也阻挡了有效治疗的路。

内心压迫感的强度取决于理想化意象的权威控制力把人格限制到何种程度。这种压力很难高估，它比任何外部强制力更糟，因为后者还允许保持内心自由。病人一般意识不到这种感觉，但一旦压迫感被移除而获得大量内心自由，他们就如释重负，我们便可以由此估计到它的力量。一方面，压迫力可能通过给别人施加压力而外化。这与神经症患者追求支配的表面效果相同，但尽管两种情况都可能出现，它们的区别却在于，内心压力外化而来的压迫主要不是要求个人服从。它首先在于将己所不欲施加于人，而且同样全然不顾他人的幸福。清教徒的心理就是这个过程的一个典型例子。

内心强迫感的外化作用同样重要，这种外化采取的形式是患者高度敏感于外界一切强迫性事物，哪怕只是微微类似于强迫。正如每个有观察力的人所知，这种高度敏感非常普遍。并不是所有敏感都来自自我强加的压迫。通常还有一个成分是，在别人身上体验到自己的强迫力量，然后憎恨它。对于离群人格，我们主要想到的是，

[1] 卡尔·门宁格在《人对抗自己》（哈考特-布雷斯出版社1938年版）中举了很多这种例子。然而，门宁格是从一个全然不同的角度来谈的，因为他跟从弗洛伊德的观点，假设了一种自我破坏的本能。

强迫性地坚持独立一定会使他们敏感于任何外来压力。无意识自我约束的外化作用是更隐蔽的来源，在分析中更常被忽略。由于它常常在病人与分析师的关系中形成一道有影响力的暗流，这便尤为不幸。病人倾向于持续不断地拒绝听取分析师的每个建议，即使他在这方面的其他敏感来源都已经被分析过了。着手于这件事上的颠覆性战役更为艰巨，因为分析师实际上并不想改变病人。他坦言自己只是想帮助病人找回自己，病人生活的内心源泉是毫无用处的。病人是否可能屈服于一些无意施加的影响？事实是，由于他不知道他“真的”是什么样，他不可能有选择性地接受或拒绝，不管分析师有多注意避免施加任何个人信念的影响也没有用。而且，由于他也不知道自己苦于内心的压迫感，这种压迫感使他产生一种特定的行为模式，所以他只是不加区别地反抗一切改变他的外来意图。无须说，这场徒劳的征战不仅表现在分析情境中，还势必或多或少地出现在任何亲密关系中。正是对这种内部过程的分析最终能够消除这种情况。

更为复杂的是，一个人越倾向于服从他理想化意象所提出的要求，他就越会把这种服从外化。他会渴望达到分析师或其他任何人对他的任何期望，或达到他以为的他们对他的期望。他可能表现得自愿甚至轻信，但同时他会暗自积蓄对这种“压迫”的怨恨。结果可能就是，他最后会看到每个人都在支配他，然后对所有人怀恨在心。

那么，一个人通过外化自己内心的约束能得到什么？只要他相信这种约束来自外界，他就能反抗，即使只是通过内心持保留态度的形式。同样地，他能够避免外部施加的约束，也能够保持自由的错觉。但更重要的是下面这一点：承认内心压迫感意味着承认他并非自己的理想化意象，以及承担由此而产生的一切后果。

这种内心强迫性是否也会表现出生理症状，以及能到达什么程度，是有趣的问题。我个人的印象是，它是哮喘、高血压和便秘的影响因素，但我在这方面的经验有限。

我们仍然要讨论各种特征的外化作用，这些特征与他的理想化意象形成对比。大体看来，这种外化只通过投射起作用，也即是，在别人身上体验到这些特征，或认为别人要对这些特征负责任。这两种过程不一定同时发生。在下面的例子中，我们可能必须重复某些我们已经在这方面讨论过的内容，以及其他众所周知的内容，但这些例证有助于我们更清楚地理解投射的意义。

一个酗酒的病人A，抱怨他的妻子不体谅人。就我看来，这个抱怨并不正当，或达不到像A所说的程度。他自己受到冲突的折磨，这在外来人看来都很明显，一方面要依从、和蔼可亲和宽宏大量，另一方面要专横、苛刻和傲慢。于是，他的抱怨就是一种攻击性倾向的投射。但是什么导致了投射的必然发生？在他的理想化意象中，攻击性倾向只是强大人格理应具备的要素。然而，他最占主导的特征仍然是善良，他觉得自圣·弗朗西斯之后，没人比他更善良，再也不会有这样理想的朋友了。那么，投射是否迎合理想化意象？当然！但投射也使他毫无意识地实践自己的攻击性倾向，从而无须面对自己的冲突。这个人陷入了解决不了的两难境地。他不能放弃自己的攻击性倾向，因为它们是强迫性的。他也不能放弃自己的理想化意象，因为它使他免于陷入崩溃。投射便是这两难困境的出路。因而它反映出一种无意识的表里不一：让他能够提出所有傲慢无礼的要求，同时又能当一个理想朋友。

这个病人还怀疑这个女人私通。但他却没有任何证据——她以相当母性的方式爱着他。而事实是，他自己暗自沉溺于昙花一现的风流韵事。有人可能会想到以己度人的报复恐惧。这当然涉及为自己开脱的需要。考虑同性恋倾向的投射可能性无助于澄清这个情境。线索在于他对自己不忠的古怪态度。他并没有忘记这些情事，而是在回想中记录着它们。它们不再是活生生的经历。而另一方面，他所谓的女方的不忠行为却栩栩如生。于是，这里便是经历的外化。其功能与之前的例子一样：它使他维持自己的理想化意象，使他随心所欲。

强权政治可以作为另一个例子，如在政治和职业群体中所运用的那样。通常，这种操纵的动机是意图削弱对手并巩固自己的地位，但也可能产生类似上述的无意识的两难境地。在上面那个案例中，表现为一种无意识的表里不一。它使一个人可以发动所有有关于此的诡计和操纵，而不会玷污他的理想化意象，与此同时，它还提供了一条绝佳的途径，使他把对自己的所有愤怒和蔑视宣泄到另一个人身上——更妙的是，宣泄到一个他原本就想挫败的人身上。

作为总结，我要指出一种常见的方式，这种方式可能将责任转嫁给他人，而自己把困难留下来。许多病人，一旦使他们意识到自己的某种问题，就会迅速跳到自己的童年期，然后把所有解释推到这上面。他们对压迫很敏感，他们说是因为他们有一个专制的母亲。

他们很容易受到羞辱，因为童年期就遭受到羞辱；他们报复心重，因为他们早期受到伤害；他们孤僻，因为在他们年轻时候没人理解他们；他们在性方面受到抑制，因为清教徒式的家教；等等。我这里并不是指在会谈中分析师和病人都忙于弄清早期影响，而是指过于热切探究童年期只会导致无止境的重复，而且还同样对病人当前的驱力缺乏探究。

由于弗洛伊德过度强调童年经历，从而使这种态度得到支持，那不妨让我们仔细检验一下，这种态度有多少是正确的，又有多少是错误的。病人的神经症发展的确始于童年期，而且他能提供的所有资料都关系到对已经出现的神经症的特殊发展情况的理解。环境的影响使他被迫发展成这样。出于下面会讨论的那些原因，分析师必须把这一点弄得非常清楚。

错误在于病人对自己基于童年期建立起来的所有驱力缺乏兴趣。不管怎样，其中既有现在运作于他身上的驱力，也有隐藏在当前困境背后的驱力。当他是个小孩时，看到了身边许许多多的伪善，这就对他形成诸如愤世嫉俗的性格起了作用。如果他只把自己的愤世嫉俗与早期经历联系在一起，他就会对自己当前愤世嫉俗的需要视而不见——这种需要来源于他被分割于相异的理想之间，所以他尝试解决这个冲突的途径就是抛弃所有价值观。再者，他倾向于承担他不能承担的责任，而拒绝承担他应该承担的。为了打消自己的疑虑，让自己相信他真的是被迫具有某些缺点，他会一再提到早期经历，同时还觉得他本应该从早期灾难中全身而退——本应该出淤泥而不染。他的理想化意象也应为此负部分责任，因为这意象不允许他接受带有瑕疵的自己，或接受过去或现在的冲突。但更重要的是，他对于童年的喋喋不休，是逃避自我的一种特定方式，这样他就仍然可以保持一种渴望自我反省的错觉。因为他将本应作用于自己内心的力量全部外化，他就体验不到自己心中的驱力，他也无法把自己看作是自己人生的掌控者。他已经不再是推进剂，他觉得自己是一个球，一旦被推下坡，就必须不断翻滚，或是一只豚鼠，一旦习惯就永远定型了。

病人对于童年的一味强调非常清楚地体现了他的外化倾向，因而每当我遇到这种态度，就能估计到这个人是完全疏远自我的，而且一直受离心驱力的影响而远离自己，而且我在这种预估上还没有出现过失误。

外化倾向也作用于梦境。例如分析师在病人的梦中变成了一个狱卒；例如病人丈夫“砰”地关上她想进的门，如果发生意外，或出现障碍物干扰他到达很想去的地方，这些梦相当于尝试否认内心冲突，尝试把内心冲突归于一些外部因素。

一个具有普遍外化倾向的病人会给精神分析带来特殊困难。他去看心理医生就像去看牙医一样，期望分析师完成与他无关的工作。他感兴趣的是他妻子、朋友、兄弟的神经症，而不是他自己的。他大谈特谈自己生活的艰苦处境，却极不情愿检查自己在其中的责任。他总是说，如果不是他的妻子太神经质，或他的工作太令人心烦意乱，他多半会安好无恙。相当长一段时间，他都没有意识到自己心中可能有任何情感动力在起作用。他害怕鬼怪、窃贼、暴风雨，害怕身边有报复心的人，害怕政治环境，但永远不害怕自己。他顶多只是出于知识或艺术的乐趣而关心自己的问题。但只要他在心理上说他自己不在场，他就不可能将他可能具备的洞察力运用到他的现实生活中，因此，纵然他更了解自己也难以带来改变。

因此，外化作用在本质上是一种自我消解的能动过程。它可行的原因完全在于疏远自我，而这种疏远始终是神经症过程固有的。通过自我消解，内心冲突也理所当然地被驱逐出了意识层面。但通过使一个人对他人更苛责、更仇恨和更害怕，外化作用就能把内心冲突替换成外部冲突。更具体地说，它严重恶化了最初掀起整个神经症过程的冲突——个体与外部世界的冲突。

第八章　虚假和谐的辅助手段

一个谎言常常导致另一个谎言，第二个又需要第三个来支持，以此类推，直到陷入混乱复杂的蛛网中，这是司空见惯的事。这种事情总是会发生在无须刨根问底的个体或群体的生活场景中。拼拼补补可能有一些帮助，但会产生新的问题，这些问题反过来又需要新的权宜之计。所以，神经症尝试解决基本冲突也是这样，而且如出一辙的是，一切都于事无补，仅仅是极端地改变了最初产生困境的环境条件。而神经症患者所做的，而且是情不自禁地做的，是把一个虚伪叠在另一个上面。他可能像我们看见的那样，努力使冲突的某一面占主导。他一如往常感觉被撕裂，他可能会用夸张的方式让自己彻底远离别人。但尽管冲突不再起作用了，他的整个生活却摇摇欲坠。他创造了一个理想化的自我，在这个自我中，他显得得意扬扬、完整统一，但同时也制造了一个新的裂口。他试图通过让内心的自我退出战斗来消除这个裂口，却只发现自己处于一个更难以忍受的困境中。

因此，不稳定的内心平衡状态还倚赖进一步的措施支撑。于是他求助于无意识措施，这些措施可以分为盲点、间隔划分、合理化、过度的自我控制、武断的正确性、逃避和愤世嫉俗。我们不会试图讨论这些现象本身，那个任务的难度太大了，而只是为了揭示患者是如何运用它们去对抗冲突的。

神经症患者的现实行为与他对自己的理想化描述之间的反差非常明显，以至我们会惊讶于他们为何看不到这一点。可他非但没有看到这点，还能对清清楚楚摆在眼前的矛盾也视而不见、充耳不闻。首先让我注意到所讨论过的那些冲突的存在与联系的事情之一，就是最明显的矛盾的盲点效应。例如，一个具备所有依从型特征的病人，虽然觉得自己是耶稣一样的好人，却曾用非常漫不经心的口吻告诉我：在员工会议上，他常常把手指当作扳机轻轻扣动，把同事一个接一个地击毙。激起这种象征性杀戮的破坏性追求在当时的确是无意识的，但这里的重点在于射杀，他把这戏称为“游戏”，这种认同丝毫没有干扰到他耶稣般的自我意象。

另一个患者是位科学家，他认为自己兢兢业业，认为自己是所在行业的革新者，在选择发表研究成果时纯粹以投机取巧为导向，只发表那些他觉得能给他带来最高喝彩的论文。他也没有试图掩饰，只是同样无忧无虑，没有察觉到其中的矛盾。同样，一个男人本来在自己的理想化意象中善良老实，却觉得从一个女孩那里拿钱花在另一个女孩身上没什么大不了。

这些例子中很明显的是，盲点的功能就是使潜在冲突不被意识到。令人惊讶的是其可能达到的程度，更令人惊讶的是，这些病人不仅聪明，还具备心理学知识。如果说这是因为所有人都很容易漠视自己不待见的东西，这种解释明显不够充分。我们还应该补充，我们无视这些东西的程度取决于我们在这方面的兴趣有多浓厚。总而言之，这种人为的盲视简洁有力地表明，我们有多讨厌意识到冲突。但这里真正的问题是，我们如何忽视像前面所举的那样明显的矛盾。事实确实是人为制造盲点离不开种种特殊条件。其中一个就是对自己的情感体验过于麻木。另一个是斯特里克尔已经提出过的，即间隔划分的生活现象。斯特里克尔也举了盲点的例证，他谈到了逻辑严密的间隔划分和隔离措施：一块区域给朋友，一块给敌人，一块给家人，一块给私人生活，一块给社会地位相同的人，一块给地位不如自己的人。从此对神经症患者来说，一块区域里发生的事情便不会抵触另一块。一个人只有因为冲突而失去了统一性才可能那样生活。因此，间隔划分既是冲突分裂个体的结果，也是拒绝承认内心冲突的一种防御手段。这个过程与理想化意象的情况不同：矛盾依旧，但冲突被悄然带走。很难说是这种理想化意象导致了间隔划分还是正好相反。不管怎样，看起来好像间隔划分更具有根本性，它可以解释这种意象的建立。

要理解这个现象，就必须考虑文化因素。人在复杂社会体制中越来越微不足道，以至自我疏远非常普遍，人的自我价值本身也一落千丈。在我们的文化中，无以计数的矛盾凸显，结果发展出一种对于道德认知的普遍麻木。道德标准被普遍看轻，即使一个人头天还是个虔诚的基督教徒或疼爱子女的父亲，隔天却表现得像个恶棍，人们也不会为之感到惊讶。[1] 我们周围真诚完整的人少得可怜，以

[1] 林语堂:《啼笑皆非》，纽约庄台出版社 1943 年版。

至无法给我们自身的溃散提供对照。在精神分析情境中，弗洛伊德抛开了道德价值观，因为他把心理学视为一种自然科学，这就使得分析师和病人一样无视这种矛盾。分析师认为，带着自己的道德价值观，或对病人的这些价值观产生兴趣，都是“不科学的”。事实上，在许多理论阐释中，接受矛盾并不一定只限于道德领域。

合理化可被定义为通过推理来自欺欺人。普遍认为，这个词主要指自圆其说，或使一个人的动机和行为符合公认的意识形态，这个观点只在一定程度上有效。其含义是，相同文化背景下的人都会沿着同一条线路进行合理化，然而实际情况是，个体在合理化对象和方法上的差异非常广泛。只要我们把合理化视为神经症尝试建立伪和谐的一种支持方式，就会认为个体差异理所当然。围绕基本冲突而竖起的每一根保护性脚手架上都能看见这个过程的作用。推理加强了主导性态度，能使冲突显现的那些因素不是被最小化了，就是被重塑至与之相适应。在依从型与攻击型的对比中我们能发现，这种自欺欺人的推理如何有助于使人格合理化。前者认为他的渴望有助于同情心，即使他表现出强烈的控制倾向，而如果控制倾向太明显，他就会把它们合理化为热心肠。而后者，当他帮助他人时，会坚决否认任何同情的感受，还会把他的行为完全归于一己私利。理想化意象总是需要大量合理化解释来支撑：必须通过说理来消除现实自我与理想化意象的反差。对于外化作用，是要证明外部环境的相关性，或表明个体自身无法接受的特质只是对他人行为的“自然”反应。

过度自我控制的倾向可能非常强烈，以至我一度把它视为原始的神经症倾向。[1]它的功能是充当一道堤坝，以防被矛盾情绪淹没。尽管最初它通常是一种有意识的意志力，但最后它往往变得多少有些自动化。运用这种控制力的人不允许自己失控，不管是出于热情、性冲动、自怜自艾还是愤怒。在精神分析中，他们最难自由联想；他们也不会用酒来振奋精神，常常更愿意忍受痛苦而不是接受麻醉。简而言之，他们力图约束所有自然的举动。那些冲突相当公开化的个体最为大力发展这个特质，他们没有采取通常用于掩盖冲突的任何一步，明显主导性优势并是冲突态度中的某一方，也没有让自己足够离群以使冲突不起作用。这些人仅靠理想化意象来维持完整，而一旦没有建立内心统一性的基本尝试手段的帮助，它的黏合力就明显不足。每当采取混合矛盾元素的形式时，理想化意象就特别无能为力。那么，意志力的运用便有意无意地来控制冲突性冲动。由于最具破坏性的暴力冲动就是那些由愤怒激发的冲动，所以用于控制愤怒的精力最多，进入了一种恶性循环：愤怒由于被压抑而获得爆发力，这反过来又需要更多的自控来遏制。如果患者的过度自控引起了医生的注意，他就会辩解说，这是美德，任何一个文明人都需要自控。他所忽略的是他控制力的强迫性。他情不自禁地以最刻板的方式运用自控，如果出于某个原因，自控失效了，他就会惊慌失措。这种惊慌可能表现为害怕精神错乱，这就明显说明，自控的功能就是逃避分裂的危险。

武断的正确性具有消除内心疑虑和外部影响的双重功能。疑虑

[1] 卡伦 · 霍妮:《自我分析》，见前注。

和优柔寡断一直都是未解决的冲突的副产品，可以达到足以麻痹所有行为的强大威力。在这种情况下，一个人自然而然很容易受影响。当我们拥有真正的信念时，并不会轻易受影响。但如果我们的一生都处于一个十字路口，无法决定走哪个方向，那么局外者可能很容易成为决定性因素，哪怕只是暂时。而且，优柔寡断不仅与可能的行动方案有关，还包括对个人、个人正确性和个人价值的怀疑。

所有这些不确定性都有损我们应对生活的能力。但很明显，并不是每个人都同样觉得难以忍受。一个人越是把生活看作一场冷酷无情的战争，就越会把怀疑视为一种危险的弱点。他越孤立、越坚持独立，对于外来影响的敏感性就越是一种恼怒的来源。我的所有观察表明，占主导的攻击性倾向和离群倾向的混合，是发展自以为是最肥沃的土壤；而且攻击性越是浅层化，自以为是的程度就越激进。它试图一次性解决冲突，而且是通过武断专横的方式向所有人宣称自己永远是正确的。对于受理性过度管理的机体，情感是内部的叛徒，必须通过坚强的控制力来约束它。和平是可能实现的，但只是一种安宁。正如我们所料，这种人讨厌精神分析的观点，因为这些观点会打乱他所营造的整齐的局面。

徘徊不定算是自以为是的另一极，但它是以其他方式拒绝承认冲突。倾向于这种防御方式的病人常常很像童话里的那些主人公，一旦被追逐就变成鱼；如果在这种伪装下不安全，他们就变成鹿；如果猎人追赶他们，他们就变成鸟飞走。你永远也摸不透他们的任何言论，他们否认自己说过，或向你保证他们绝不是那个意思。他们拥有一种遮蔽问题的能力，能够令人晕头转向。他们总是无法具体报告任何事情，就算他们努力这么做了，听者最后还是不确定刚刚到底发生了什么。

他们在生活中也同样混淆视听。他们这一刻道德败坏，下一刻又富有同情心；一时过于热心，一时冷酷无情；在一些方面专横跋扈，另一些方面又态度谦逊。他们找一个专制的伴侣，只是要转变成一个“受气包”，然后又回到之前的形式。在无礼对待某人之后，他们又会感到懊悔，试图弥补，然后又觉得自己像个“傻瓜”，于是再次变得恶毒残暴。对他们来说任何事物都不太真实。

分析师可能很容易发现自己被搞迷糊了，然后气馁，觉得没有实质性的东西可处理。但他错了。这只是病人没有采取惯常的统一性手段：他们不仅没有压抑自己的冲突部分，也没有建立明确的理想化意象。在某种程度上，他们可以说是证明了这些尝试手段的价值。因为不管这些后果有多令人困扰，这类人都更有条理，都几乎不如那些令人难以捉摸的人那么迷茫。另一方面，分析师的错误还在于他指望这是个简单的分析工作，因为他觉得冲突显而易见，因而就不需要从隐匿状态中揪出来。分析师会发现，他们所面对的病人讨厌别人洞悉自己，而这很容易挫败他，除非他明白这是病人逃避任何真实洞察力的方式。

最后一种防御意识到冲突的手段是愤世嫉俗，即否认和嘲笑道德价值观。对于道德价值观根深蒂固的不确定性一定会出现在所有神经症患者中，不管这个人有多教条地坚持他所接受的特定标准。虽然愤世嫉俗的起源不尽相同，但功能不变，都是否认道德价值观的存在，从而削减神经症患者弄清自己到底信仰什么的必要性。

愤世嫉俗可能是有意识的，然后变成马基雅维利传统中的一条准则，并且被严加保护。最重要的是外部表现。你可以为所欲为，只要不被抓住。每个人都是一个根本不蠢的伪君子。这种病人可能对分析师使用“道德”一词非常敏感，不管是什么内容，就像弗洛伊德时代的那些人对于提及“性”的敏感。但愤世嫉俗也可能是无意识的，对于普遍意识形态的口头应酬便揭露了这点。尽管，他可能没有意识到自己沉浸于愤世嫉俗，但他的生活方式和他谈论的生活方式都揭露了他的这个行为准则。或者，他可能不知不觉让自己卷入矛盾中，就像有些患者确信自己信仰诚实正直，却嫉妒那些沉溺于不正当手段的人，而且还憎恨自己从未像他们那样“逃脱处罚”。在治疗中，在适当的时间让患者意识到并帮助他弄清楚自己的愤世嫉俗很重要。这也许还需要向他解释，为何建立自己的一套道德价值观是可取的。

那么，上述就是围绕基本冲突核心所建立的防御手段。为了简单起见，我将把整个防御机制称为保护性结构。每种神经症都发展出一系列防御手段，通常它们会全部表现出来，尽管活动性的程度不同。

第二部分

未解决冲突的后果

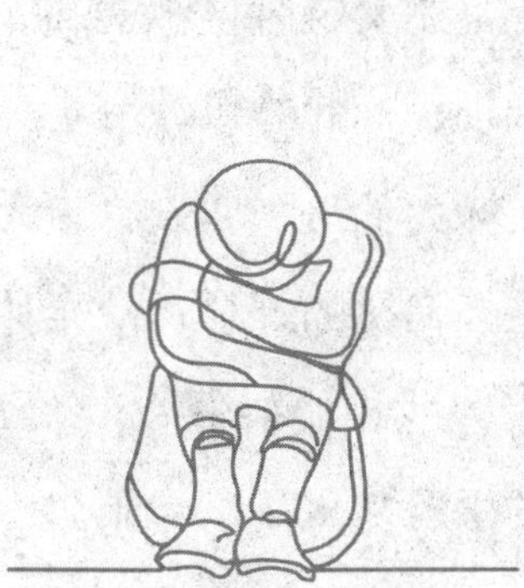

第九章　恐惧

在深究任何神经症问题的意义时，我们都很容易在错综复杂的迷宫中失去方向。这并不奇怪，因为不正视其复杂性，我们就不可能理解神经症。然而，为了重新找到方向，时不时停下来做一个整体的观察是有帮助的。

我们已经渐次深入地探讨了保护性结构的发展。我们看到了在建立起一套相对静态的机制之前，防御体系是如何一个接一个地建立起来的。这其中让我们印象最深的是投入这个过程的无限心力，这种心力耗费非常惊人，以至使我们再次好奇，到底是什么在驱使一个人要走一条如此艰难又牺牲巨大的路？我们自问，是什么驱动力让这个结构如此刻板、如此难以改变呢？整个过程的动力仅仅是对基本冲突的潜在破坏力的恐惧吗？打一个比方也许有助于清楚回答这个问题。和其他任何比喻一样，这个比喻并不准确，所以不妨对此做一个泛义看待。我们不妨假设一个有过不光彩经历的男人，他借助谎言和欺骗的手段加入了某个群体。当然，他极有可能会时时担心自己的过去被揭发出来。随着时间的推移，他的处境有了改善：他交了朋友，获得了一份工作，还组建了家庭。他很珍惜自己的新状态，但同时又被一种新的恐惧所困扰，害怕失去这一切。对于自己体面生活的自豪使他疏远了难堪的过去。为了清洗过往，他给慈善机构甚至是过去的伙伴捐资。同时，他人格上的改变将他卷入新的冲突，最后，伪饰之下的新的开始反成了新的困境。

因此，在神经症患者所建立的防御机制之下，基本冲突依然存在，只不过有所变异而已。它在一些方面得到缓和，而在其他方面又被加强。然而，由于这个过程中固有的恶性循环，之后的冲突便更为紧迫。最激化这些冲突的是，每一种新生的防御姿态都进一步损害了他与自己及他人的关系，正如我们所见，它们是冲突成长的土壤。再者，因为不管新元素是怎样的错觉，是爱或成功，还是实现离群或建立意象，都在他生活中非常重要，因而便形成一种不同的恐惧，即害怕有事物会损坏这些珍宝。而且自始至终，他对自己日益疏远，这使得他丧失了越来越多处理自己的问题的能力，从而逃避自己的种种困难。习惯成自然，便取代了有方向的成长。

由于其刻板性、保护性结构高度易碎，而且它本身也会引发新的恐惧。其中一种恐惧就是害怕保护性结构的平衡性被打破。虽然保护性结构提供一种平衡感，但这种平衡感很容易被搅乱。这个人本身并没有有意识地意识到这种威胁，但他不自觉地以各种不同的方式感受到它。经验告诉他，他可能莫名其妙地出问题，他可能在毫无预感或最不希望的时候大发雷霆、兴高采烈、意志消沉、疲惫不堪、拘谨羞怯等。所有这种经验让他感到不确定，感到自己靠不住。他好像如履薄冰，他的失衡也可能表现在步法或姿态上，或缺乏要求身体平衡的一切技术。

这种恐惧最具体的表现就是害怕精神错乱。一旦精神错乱达到明显的程度，就会成为最重要的症状，驱使一个人寻求精神治疗方面的帮助。在这种精神错乱中，恐惧同样是因为压抑了想要问心无愧地做一切“疯狂”事的冲动，而这些事通常具有破坏性。然而，害怕精神错乱并不是一个人可能真的精神失常的指标。通常，它是暂时性的，只在极度痛苦的情况下才出现。最尖锐的刺激就是突然威胁理想化意象，或不断加剧的紧张状态（通常是由于无意识愤怒）使过度自控处于险境。例如，一个女人觉得自己既性情平和又勇气十足，当她在困境中感到无助、忧虑和暴怒时，就会陷入恐慌。使她保持完整性的理想化意象突然爆裂，给她留下支离破碎的恐惧。我们已经说到过，把一个离群者从庇护中拉出来，让他与他人亲密接触，就可能使他陷入恐慌，譬如他必须从军或与亲戚同居。这种恐惧也可能表现为害怕精神错乱，而且在这种情况下可能真的会精神病发作。在精神分析中，一个已经竭尽全力制造出伪和谐的病人，当他突然意识到自己的分裂状态，就可能出现类似的恐惧。

对精神错乱的恐惧最常是由无意识愤怒导致的，在精神分析中也证明了这点，这种恐惧已经平息下来，而残余的部分采取的是忧虑形式，担心自己可能在无法自控的情况下侮辱、殴打甚至杀害他人。他还害怕在睡梦中或因酗酒、麻醉或性兴奋而实施暴力行为。一方面，愤怒本身可能是有意识的，或可能在有意识中表现为对暴力行为的一种强迫性冲动，而与情感无关。另一方面，它也可能完全是无意识的。在这种情况下，这个人只是突然感到一阵隐隐约约的恐慌，可能还伴随着盗汗、眩晕或害怕晕厥——代表着对暴力冲动可能失控的潜在恐惧。如果无意识愤怒被外化，他可能会害怕暴风雨、鬼怪、窃贼、蛇等，也即是一切来源于他自身之外的潜在破坏性势力。

但归根结底，对精神错乱的恐惧是相对罕见的。它只是害怕失去平衡的最显而易见的表达方式。通常，这种恐惧是以更隐蔽的方式起作用的。于是它表现为模糊不定的形式，日常生活中的任何变化都可能引发它。遭受这种恐惧的人可能一想到诸如旅行、搬家、换工作、雇用新仆人等事就深受困扰。他们会尝尽一切办法来避免这些改变。对稳定性的威胁可能是阻碍病人接受分析的一个因素，尤其是如果他们找到了一种能让自己活动自如的生活方式。当他们讨论精神分析的可取性时，会关心那些乍看之下似乎足够合理的问题：精神分析是否会毁掉他们的婚姻？是否会暂时使他们无法工作？是否会使他们急躁易怒？是否会与他们的宗教信仰相抵触？正如我们将看到的，这些问题部分是由于病人的绝望，他不认为值得冒任何风险。但在他关心背后真正的忧虑是：他需要确保分析不会破坏他的平衡。在这种情况下，我们可以胸有成竹地断定，他的平衡特别不牢靠，而且这次分析必然很艰难。

分析师能消除病人的这个忧虑吗？不能。任何分析必定会造成暂时的烦恼。然而，分析师可以做的是找到这些问题的根源，向病人解释他真正害怕的是什么，告诉他虽然分析会动摇他当前的平衡，但会使他有机会得到更稳固的平衡。

另一种来源于保护性结构的恐惧是害怕暴露。它的源头在于发展和维持这个结构本身的各种伪装。这一点要与未解决冲突所导致的道德损伤联系起来讨论。根据当前的目的，我们只需指出，神经症患者想要对自己和别人表现得与真实的自己更为不同——更和睦、更合理、更宽宏大量或强有力或冷酷无情。很难说他更害怕暴露于自己还是他人。在有意识中，他最担忧的是别人，而且他越是外化他的恐惧，就越是担心别人会识破他。在这种情况下，他可能会说，他对自己的看法并不重要，当他发现自己的问题时尚可从容应对，只要能把别人蒙在鼓里。其实不然，但这是他有意识的感觉，也是外化程度的指标。

害怕暴露可能要么表现为隐隐觉得自己是虚张声势，要么诉诸某些品质，而这些品质与真正困扰他的问题并没有直接关联。一个人可能害怕自己不如他以为的那么聪明、能干、有教养、有魅力，所以会把这种恐惧转嫁到那些不影响他性格的品质上。因而一个病人回想到，在他青年早期，他一直害怕自己在班上名列前茅完全是由于蒙混过关。每次转学他都确信这次会被识破，即使他再次夺得榜首仍然存在这种恐惧。他的这种感觉令他困惑不已，但他无法说出所以然。他无法看透自己的问题，因为他走错了路：他对暴露的恐惧完全不在于他的智力，而只是被转嫁到了这方面。实际上，这种恐惧在于他无意识伪装成一个不在乎分数的好人，而事实是，他痴迷于一种战胜他人的破坏性需要。这个例证引出了一个相关的概括：害怕徒有虚名总是与具有一定客观性的因素有关，但往往并不是他本人所以为的那个。就症状而言，它的显著表现是脸红或害怕脸红。由于病人害怕被揭穿的是无意识伪装，如果分析师注意到病人害怕被揭露，然后去寻找一些他觉得病人引以为耻而隐藏起来的经历，那就会犯严重错误。而病人可能并不会隐瞒这类经历。于是他只会越来越害怕自己身上一定有某种特别糟糕的东西，而这种东西是他在无意识中不愿被揭露的。这种情境有利于反躬自省，但不会带来建设性效果。他也许会进一步详细叙述性渴望或破坏性冲动，但只要分析师没有意识到病人处于某个冲突中，没有意识到他自己只处理了这个冲突的一个方面，病人对暴露的恐惧就仍然存在。

任何对于神经症患者来说意味着面临考验的情境，都可能引发对暴露的恐惧。其中包括开始一份新工作、交新朋友、进入一所新学校、参加考试或社交聚会，或任何可能使他引人注目的活动，哪怕只是参加一场讨论。通常，在有意识中对失败的恐惧其实都与暴露有关，而且因此连成功也无法减轻这种恐惧。他只是觉得自己这次“通关”了，但下次呢？而且，假如他失败了，他只会更加确信，自己曾经总是蒙混过关，这次被抓包了。这种感觉的后果之一就是羞怯，尤其是在任何新环境中。另一个后果就是在面对被喜欢或被赞赏时怀有戒心。有意无意地想：“他们现在喜欢我，但如果他们真正了解了我，就不会这么觉得了。”当然，这种恐惧也在精神分析中起作用，分析的明确目的本来就是“识破”。

每一种新的恐惧都需要一套新的防御手段。那些用来对抗暴露恐惧的防御手段分为截然相反的类型，而且取决于整个人格结构。一方面，他们倾向于回避任何考验性的情境，而且如果无法回避这些情境，那就要内敛，要自控，要戴上刀枪不入的面具。另一方面，他们又无意识地尝试变成一个无懈可击的骗子，从而就不再需要害怕暴露了。后面这种态度不单单是一种防御态度：那些过着替代性生活的攻击类型的个体也会声势浩大地糊弄人，他们把糊弄作为一种手段，让那些他们想利用的人印象深刻。于是，任何质疑他们的尝试都会遭遇到有备而来的反击。这里我指的是公开化的施虐者。之后我们会看到，这个特质是如何融入整个人格结构的。

要理解暴露恐惧，我们就要回答两个问题：一个人到底害怕暴露什么，以及假如暴露了，他又在害怕什么。第一个问题我们已经回答了。要回答第二个问题，我们必须谈到另一种仍然产生于保护性结构的恐惧，即害怕被忽视、羞辱和嘲笑。结构的不牢靠导致了失衡恐惧，无意识的欺骗滋生了暴露恐惧，而害怕被羞辱产生于受损伤的自尊。我们已在其他关系中讨论过这个问题。创造理想化意象和外化过程都是在努力修复受损自尊，但正如我们所见，这两种方式都只会进一步伤害自尊。

如果我们采取俯视的角度看自尊在神经症发展中的情况，就会看到两副跷跷板。每当现实自尊的水平下去，不现实的自豪就会上来——为自己如此优秀、如此进取、如此独特、如此无所不能或无所不知而感到自豪。而另一副跷跷板上，我们看到神经症患者的现实自我被矮化，而他人被提升成巨人。通过压抑和抑制，通过理想化和外化，自我的很大一部分黯然失色，个体看不见自己。他觉得自己就算不是，也像个没有重量或内容的影子。与此同时，他既需要又害怕他人，这不仅使他觉得别人更强大、更可畏，还更必需。因此，他的重力中心更偏向他人，还把完全属于自己的特权让给他们。效果就是过分重视他们对他的评价，而他对自己的评价失去了意义。这便使得别人的意见具有压倒性的势力。

上述两组过程共同解释了神经症患者在面对被忽视、羞辱和嘲笑的时候的极端脆弱。而且对于每种在这方面高度敏感的神经症中，这些过程都占有重要地位。如果我们了解到害怕被忽视的各种源头，我们就能看到，要消除或减轻这种恐惧并不是个简单的任务。我们只能将它减小到整个神经症所能减轻的程度。

总之，这种恐惧的后果就是使自己与他人隔离，使自己与他人敌对。但更重要的是，它能够极大减轻与之相应的痛苦。他们不敢对他人报以任何期望，或为自己制定高目标；他们不敢以任何方式接近比自己地位高的人；他们不敢表达意见，即使他们可能真的有所贡献；他们不敢锻炼自己有创造性的能力，即使他们真的拥有这些能力；他们不敢让自己散发魅力，不敢给人留下印象；不敢争取更高的地位；等等。当他们忍不住有所行动，一想到可怕的嘲笑就又退缩回去，躲在含蓄与尊严背后。

比我们讨论的这些恐惧更难以察觉的是凝缩作用，即压缩所有这些恐惧以及出现在神经症发展中的其他恐惧。这便是害怕对自己做任何改变。病人对于改变的反应是采取两种极端态度中的任意一种。他们要么使这个问题模糊不清，觉得在未来某个说不清的时间奇迹出现了，他也就改变了，或者，他们太急于尝试改变，丝毫不了解情况。对于第一种情况，他们在心理上持保留态度，觉得看到一个问题或承认一个弱点就足够了。而要实现自我，就必须真正改变自己的态度和动力的这个观点使他们惊愕不已，也使他们焦虑不安。虽然他们不由得看到这项提议的正确性，但在无意识中，他们还是拒绝它。而相反的情况则相当于无意识地假装改变。它在某种程度上是一种痴心妄想，源于病人无法容忍自身的不完美，但它也产生于他无意识地认为自己无所不能——只要希望这个困难消失，就足以驱散它。

害怕改变的背后是担心自己每况愈下，即失去理想化意象，转变为他所排斥的自我，变成其他人，或通过精神分析让自己只剩下空壳；害怕未知，害怕必须放弃安全措施以及迄今得到的满足感，尤其是放弃追逐那些让他有希望解决问题的幻影；最后，还害怕没有能力改变——当我们讨论神经症患者的绝望感时，会更好地理解这种恐惧。

所有这些恐惧都产生于未解决的冲突。但是，因为如果我们最终要获得完整的人格，就必须暴露这些恐惧，所以它们也妨碍我们面对自己。它们可以说是炼狱，是我们得到救赎前必须徘徊的地方。

第十章 人格的贫乏

要考虑未解决冲突的后果，就要进入一个看似无边无际的领地，一个未经探索过的地方。也许，我们可以先从症状性障碍着手，例如抑郁、酗酒、癫痫或精神分裂等，希望由此可以对特定的紊乱有更好的理解。然后，我更愿意从一个更普遍的观点出发，并提出这样一个问题：未解决的冲突会给我们的精力、人格的完整与幸福带来什么影响？我之所以采取这个角度，是因为我相信，如果不了解基本的人性基础，就无法领会到任何症状性障碍的意义。现代精神病学倾向于找到一种便捷的理论阐释方式去解释已有的综合症状，从处理综合症状的临床医生的需要来看，这种倾向并不违反常情。但这么做不太切实可行，姑且不论科学性，就好比一个建筑工程师还没打地基就要修顶楼。

我这个问题中的有些要素之前已经提到过了，这里只需要详细说明一下。其他要素在之前的讨论中已经暗示过，还需要补充一些进来。我们的目的不是要让读者隐隐觉得未解决冲突是有害的，而是清楚详细地向读者描述它们对人格的摧残。

生活在未解决的冲突中主要会造成精力的极大浪费，这不仅是由冲突本身引起的，还由于努力消除冲突的所有迂回手段。当一个人基本处于分裂状态，他就绝不可能把精力全心全意地投入任何事上，除了总是想要追求两个或以上的矛盾目标。这意味着，他要么分散自己的精力，要么积极挫伤自己的努力。前者适用于那些理想化意象类似于培尔·金特的人，他们哄骗自己相信自己可以超越一切。在这种情况下，一个女人想要当一个理想母亲，想要当一个完美家庭主妇，想要穿着体面，想要占有主导性的社会政治地位，想要当一个忠诚的妻子，想要有婚外情，还想为自己做一些生产性的工作。无须说，这不可能实现，她势必全军覆没，而她的精力也会被浪费掉，不管她多有天赋。

更普遍相关的是在单个追求上所遭受的挫折，这些追求的矛盾动力是相互制约的。一个人可能想做一个优秀的朋友，但他专横跋扈、要求苛刻，以至他这方面的潜力永远无法实现。另一个人想要他的孩子出人头地，但他对个人权力的追求与专断作风从中作梗。还有人想要写书却头疼欲裂，或每当他无法立刻组织好他想表达的话，就会陷入致命的疲乏之中。这种情况也是因为理想化意象：如果他是个才华横溢的人，难道不应该下笔如神吗？每当不如所料时，他就会对自己大发雷霆。而另一个人，他想在会议上陈述一个真正有价值的观点。但他不仅想以一种令人印象深刻、令人自愧不如的方式来表达，还想受人喜爱，不想令人反感，同时又因为他对自轻自贱的外化而预感要遭嘲笑。结果，他完全无法思考，他所产生的想法也永远无法成形。还有一个人，他本可以是一个优秀的组织者，但由于他的施虐倾向，周围每个人都与他作对。没必要再继续举例了，因为只要我们看看自己，看看我们周围的人，就能找到一大堆例子。

这种目标方向不明确的问题也有一个例外。有时，神经症患者对目标表现出令人匪夷所思的忠诚：男性可能会为他们的雄心抱负牺牲一切，包括他的尊严；女性可能除了爱，对生活一无所求；父母可能为孩子而牺牲全部利益。这种人给人的印象就是全心全意。但是，正如我们所说过的，他们其实追求的是海市蜃楼，是看似能解决他们冲突的幻象。表面上的全心全意是一种绝望，而不是一种完整的人格。

挥霍精力的不只是冲突性需要和冲动。保护性结构的其他因素也具有相同的功效。由于部分基本冲突的抑制作用，整个人格都被遮挡起来了。被遮挡的人格仍然足以起到干扰的作用，但它们无法投入建设性的用处上。因而这个过程造成了精力的损耗，而这些精力本可以被用在坚持己见、合作或建立良好的人际关系。这里还要提一个因素，即疏远自我，它剥夺了一个人的执行力。他仍然可以是一个好员工，他甚至可能在外部压力下相当努力，但一旦让他独自寻找乐趣，他就可能崩溃。这不仅意味着他无法在闲暇时做任何有建设性或有趣的事，还意味着他的创造力可能完全被糟蹋掉了。

通常，各种各样的因素联合起来造成大面积的弥散性抑制。为了理解并最后消除单一的一个抑制作用，我们通常必须一次又一次地回到这个问题上，从所有我们所讨论过的角度来处理它。

精力的浪费或误耗可能来自三种主要的紊乱，它们都是未解决冲突的症状。其中一个便是普遍性的优柔寡断。它可能普遍存在于任何事情上，从鸡毛蒜皮的小事到个人最重要的大事。他们可能无休止地犹豫到底是吃这道菜还是那道，是买这个行李箱还是那个，是看电影还是听广播。他们可能无法选定一个行业，或决定职业内的任何变动；无法在两个女人之间做选择；无法决定是否离婚；无法决定是死还是生。必须做出无法反悔的决定真的是一种折磨，还可能让他们惊慌失措、筋疲力尽。

尽管他们的优柔寡断可能很明显，但他们往往意识不到这点，因为他们无意识地竭尽全力避免做抉择。他们会拖延；他们说只是“抽不出时间”做事；他们让自己受偶然因素或其他东西的影响，把决定交给别人；他们还可能把事情搅得无从下手。这方面的盲目往往在病人自己看来也同样不明显。许多无意识措施被用来掩盖无处不在的犹豫，这就导致分析师很难听到这方面的抱怨，而实际上这是一种很常见的障碍。

被分散的精力还有另外一个典型表现，即普遍性的做事无效率。在这里我说的并不是在某个领域的笨手笨脚，这可能是由于在这方面缺乏训练或兴趣。这也不是精力没有被利用起来的问题，例如威廉·詹姆斯在一篇最有意思的论文[1]中写的那样，当一个人没有屈服于自身的疲劳或外部环境的压力时，他的能量库就会变得可用。这里的无效率是源于一个人内心的矛盾冲突而没有能力施展身手。

[1] 威廉·詹姆斯:《记忆与学习》，朗曼格林书局 1934 年版。

就好像他在踩着刹车开车，车速必然会慢下来。有时他还真会这么做。他做每件事都极慢无比，不管是从能力还是任务本身的难度来看，都远不合理。不是他不够努力，相反，凡事他都必须投入过量的努力。例如，他可能花好几个小时来写一篇简单的报告，或操作一台很简单的仪器。当然，妨碍他完成某件事的原因多种多样。他可能无意识地反抗他所以为的压迫；他可能对自己大为不满，就像前面那个例子中一样，因为他第一次尝试时没有表现好。做事无效率并不只在于速度慢，还可能表现为笨拙或健忘。一位女仆或家庭主妇，如果她暗自觉得，以她的资质，让她做如此卑贱的活是不公平的，那她就不会把工作做好。而且她的徒劳无功往往并不限于这种特定的活动，还会蔓延到她所有的努力当中。站在主观立场上来看，这意味着在压力下工作，结果就是容易疲劳和贪睡。任何处于这些状况下的工作都势必使一个人筋疲力尽，就像一辆车，如果踩着刹车驾驶就会受损。

内心压力与无效率一样，不仅出现在工作上，在应对他人方面也非常明显。如果有人想要表现友好，但同时又反感这样，因为他觉得这是迎合奉承，那他就会呆板不自然；如果他想要提出请求，但又觉得他应该发号施令，那他就会粗鲁无礼；如果他想要维护自己，但又想顺从，他就会踌躇迟疑；如果他想要与他人接触，但又预感要被拒绝，那他就会腼腆害羞；如果他想要发生性关系，但又想挫伤对方，他就会性冷淡；等等。逆流越是蔓延扩散，生活的压力就越大。

有些人意识到了这种内心压力；更普遍的是，只有当这种压力在特定环境下增长了，他们才会意识到；还有的时候，只有与他们能够放松、自在和自然的一些环境做比较，他们才会注意到这点。由于最终会导致疲乏，他们往往会把其他因素拿来做解释，诸如体质差、工作过度、睡眠不足等。这些因素确实可能发挥作用，但远不及我们通常以为的那么重要。

第三种有关的症状性障碍是普遍的惰性。这种病人有时会控诉自己的懒惰，但实际上他们不可能一面懒惰一面享受。他们可能有意识地讨厌任何努力，还可能将其合理化，宣称自己出主意就足够了，而“细节”是由别人来完成的，也即是执行这项工作。讨厌努力可能还表现为害怕努力会给他们造成伤害。这种恐惧很容易理解，因为他们知道自己很容易疲劳，而且，内科医生根据疲劳的表面价值给出的建议也可能强化这种恐惧。

神经症惰性是主动性与行动力方面的丧失。一般而言，它产生于严重疏远自我以及缺乏目标导向。长期勉强且令人不满的努力使神经症患者浑身都萎靡不振。在单个起作用的因素中，影响最大的是理想化意象与施虐倾向。正是必须坚持努力这一点让神经症患者觉得是一种羞辱，它证明了他并不是自己的理想化意象，而一想到自己做的是平凡事而已，他就会极力阻碍自己，以至他宁愿完全不做这件事而只在心里浮想联翩。在理想化意象之后，折磨人的自轻自贱必然接踵而至，剥夺他可以做任何值得的事的把握，从而将他活动的所有动机与乐趣都埋入流沙之中。施虐倾向，尤其是受压抑的形式（转换型施虐），使一个人对一切类似于攻击性的东西矫枉过正，结果导致或多或少的心理麻痹。一般性的惰性特别重要，因为它不仅涉及行动，还涉及感觉。在未解决冲突的后果上所耗费的精力是无法估量的。由于神经症归根结底是特定文化的产物，所以，这种人类天赋与性格上的阻遏正是对相应文化的强烈控诉。

生活在未解决冲突之中，不仅会导致精力分散，还导致在道德问题上出现分歧，也即是道德准则，以及涉及与他人的关系和影响个人发展的所有感觉、态度和行为。而且正如在精力问题上，精力分散导致精力浪费，在道德问题上，它也会损耗道德上的诚恳，或换句话说，会损害道德的整合。这种损害来源于他所采取的种种矛盾姿态，也产生于掩盖这些矛盾性的努力。

互斥的道德价值观表现在基本冲突中。尽管竭尽全力使它们和谐一致，但它们全部都在发挥作用。然而，这意味着它们一个也没有或能够得到重视。理想化意象，虽然包括很多真实理想的成分，但本质上还是伪造的，而且，对他自己或没经验的观察者来说，要将其与真实的东西区别开来的难度就好比从真钞中辨别出假钞。正如我们所见，神经症患者可能真心实意地相信自己在追逐理想，可能为了任何可见的疏忽而严惩自己，因而给人一种严于律己的印象；或者，他可能沉醉于思考和谈论价值观与理想。我认为他仍然不重视自己的理想，意思是这些理想对他的生活并不具有约束力。在觉得容易或有利的时候他才贯彻这些理想，而其他时候，他就肆意抹掉它们。我们在之前讨论的盲点与间隔划分中已经见识过这种情况了，而这些情况对于那些重视自己理想的人来说则是不可思议的。如果这些理想是真心实意的，他们也不会如此轻易地抛弃它们。例如，一个人，之前还真诚地宣称自己对于一项事业的热忱，但一旦面临诱惑就变成了叛徒。

总之，道德整合的损伤在于真诚度的降低及日渐以自我为中心。禅师著作所做的这方面注解很有意思，真诚等同于全心全意，这正是我们基于临床观察所得出的结论，也即是内心四分五裂的人不可能完全真诚。

> 和尚：我知道，当一头狮子抓住它的目标时，不管是一只野兔还是一头大象，它都竭尽全力。请您告诉我，这种力量到底是什么？
>
> 师父：真诚之心（从字面上看，即不欺之力）。
>
> 真诚，也即是不欺，意味着“全身心投入”，在学术上称为“整体在行动”……在这之中，毫无保留，毫无掩饰，毫无浪费。若一个人像这样生活，则称得上是金毛狮子了。他象征着男子气概、真诚、全心全意，他是一个圣人。[1]

就使他人屈从自己的个人需要而言，以自我为中心是一个道德问题。他们不是把别人当作人类本身，而只是当作达到目的的手段。为了减轻他自身的焦虑，别人就必须被他安抚或被他喜爱；为了提升他自己的自尊，别人就必须对他印象深刻；由于他无法为自己承担责任，别人就必须受责备；由于他想要成功，别人就必须被打败；等等。

[1] 铃木大拙：《禅宗及其对日本文化的影响》，东方佛教协会（东京）1938 年版。

这些损害的表现方式因人而异。绝大多数都已经在其他问题中讨论过了，这里只需要系统性地回顾一下。我不应当耗费太多精力。但这可能很难，因为我们还没有讨论施虐倾向，而施虐倾向又必须放到后面再讲，因为它被视为神经症发展的末期。从最显而易见的表现开始，不管神经症采取哪种流程，无意识伪装总是其中一个因素。突出的表现方式如下：

爱的伪装。能称为爱或能在主观上视为爱的感觉，其复杂程度令人惊讶。它可能涉及寄生的期望，这样的人会觉得自己太弱或太空虚，以至无法生活。[1] 对于更具攻击性的形式，可能涉及渴望剥削对方，或借由对方的成功、威望和权力而得利。它可能表现为想要征服并战胜某人，或与对方结合并住在他的身体里，这可能是以一种施虐的方式达到目的。它可能意味着想要被赞美，或极有把握地肯定他自己的理想化意象。出于某种原因，爱在我们文化中是一种非常罕见的真挚情感，我们文化中充斥着虐待与背叛。于是，我们剩下的印象便是，爱变成了轻视、憎恨或冷漠。但爱并非如此容易转变。事实上，带来假爱的感觉与渴望最终会水落石出。无须说，这种伪装会出现在亲子关系与朋友关系中，还会出现在性关系中。

善良的伪装，以及诸如无私、同情心等的伪装都与爱的伪装类似。这是依从型人的特征，通过特定的理想化意象得以加强，还通过抑制攻击性冲动来加强。

兴趣与知识的伪装在那些疏远自己情感的人身上最引人注目，

[1] 参见卡伦 · 霍妮:《自我分析》第八章，见前注。

他们相信人生可以只由智慧来掌控。他们必须假装自己无所不知、兴趣广泛。但还会以一种隐匿的方式表现在那些看起来兢兢业业的人身上，这些人完全没有意识到，他是在把这种兴趣当作成功、权力或物质利益的垫脚石。

诚实与公平的伪装最常出现在攻击型人身上，特别是当他具有明显的施虐倾向时。他看穿别人身上爱与善良的伪装，然后相信因为他没有认同这种普遍性的伪善，没有假装宽宏大量、爱国精神、孝顺或诸如此类，所以他特别诚实。实际上，他具有完全不同的虚伪。他没有当前普遍的偏见，可能是一种对一切传统价值观的盲目消极的抗议。他的拒绝能力可能并不是出于力量，而是出于挫败他人的渴望。他的率性可能是出于嘲弄和羞辱他人的渴望。他所认可的正当私利背后，可能隐藏着剥削的渴望。

受苦的伪装必须讨论得更详细，因为这个问题涉及一些混淆不清的观点。严格遵从弗洛伊德理论的分析师以及外行人相信，神经症患者想要被虐待的感觉、想要担忧、需要受惩罚等。支持神经症患者想要受苦这个观点的资料广为人知。但“想要”这个词实际上涵盖了种种理智行为。提出这个理论的作者没有注意到，神经症患者所受的痛苦远比他知道的多，他们往往只有在自己开始恢复正常时才会意识到自己的痛苦。更重要的是，这些作者似乎不知道，来自未解决冲突的痛苦必然完全无关于个人愿望。如果神经症患者放任自己四分五裂，他肯定不是因为自己想要痛苦而把这种危害带到自己身上，而是因为内心需要迫使他这么做。如果他表现得谦逊、宽容，那至少在无意识上，他讨厌这么做，而且也鄙视自己这么做，但他处于对自己攻击行为的恐惧之中，他必须走向另一个极端，让自己以这样那样的方式被虐待。

支持受苦嗜好这个观念的另一个特征是夸大或戏剧化一切苦难的倾向。对于痛苦的感受与展示确实可能出于不可告人的动机。它可能是在请求关注或原谅；它可能无意识地被用来达到剥削的目的；它可能是在表达受压抑的报复心，然后被用作实施处罚的手段。但鉴于内心的一系列想法，这是他实现某个目的的唯一途径。他的确常常把自己的痛苦置于错误的原因上，从而让人觉得他并没有充分的理由沉迷于痛苦。因此，他可能郁郁寡欢，还归因于他的“内疚”，而其实，他是为没有成为自己的理想化意象而感到痛苦。或者，他可能在与爱人分离时感到茫然若失，尽管他把自己的感受归因为自己的深切爱意，而实际上是由于内心的分裂，他无法忍受独自生活。最后，他可能伪造自己的悲情，以为自己痛苦不已，其实却是满腔怒火。例如，一个女人可能会在她的情人没有在约定的时间来信时，觉得自己痛苦不堪，而其实她是在生气，因为她想要所有事情都恰如她所愿，或因为她觉得任何看似缺乏关注的行为对她来说都是种羞辱。在这种情况下，痛苦即是无意识地选择承认愤怒以及相应的神经症动力，之所以强调痛苦，是因为它被用来掩盖涉及所有人际关系中的表里不一。然而，这些例子都不能推断出神经症患者想要受苦，它们所传达的是一种对于受苦的无意识伪装。

另一种更特别的损害是发展出无意识的自大态度。这里我所说的自大，指的是一个人冒称自己具备他所没有的品质，或他对自己具有的某种品质过于夸大，以及在这个基础上无意识地宣称自己有资格苛求和贬损他人。所有神经症患者的妄自尊大都是无意识的，因为他并没有意识到自己的声明有任何错误。这里的区别并不在于是有意识的自大还是无意识的，而在于，一个是显而易见的，一个则隐藏在过度谦逊与谦卑的行为背后。区别在于衡量可行的攻击行为，而不是衡量已存在的自大。在一种情况下，一个人公然要求特权；在另一种情况下，如果别人没有主动给予他特权，他就会感到受伤。在这两种情况中所缺乏的，正是称为真正谦卑的东西，也即是承认（不仅是口头上，还带有情感上的诚意）人类所共有的局限与缺陷，以及承认一个人自身特有的局限与缺陷。在我的经验中，每个病人都不愿想到或听到任何可能有关于他自己的局限。那些隐藏自大的病人尤为如此。他情愿无情地责备自己忽视了某些东西，而不愿像圣保罗那样承认"我们的知识是支离破碎的"。他宁愿责怪自己的大意或懒惰，而不愿承认没人能够无时无刻保持同等的生产力。隐蔽性自大态度的可靠指标在于一个明显的反差，即他带有谦卑态度的自责，内心又对外来的任何批评或怠慢恼怒不已。我们常常需要密切观察，才能发现这些受伤的感受，因为过度谦逊的人倾向于压抑这些感受。但实际上，他可能和公然傲慢自大的人一样苛刻。他对他人的批评也是尖锐刻薄的，尽管表面上好像只是一种谦让。然而，他暗地里希望别人跟他一样完美，这意味着他对他人的个人特质缺乏真正的尊重。

另一个道德问题是没有采取明确立场的能力以及相应的不可靠。神经症患者很少根据某人的观点或某行业的客观优势来表明立场，而是基于自己的情感需要。然而，由于存在种种矛盾，他的一个立场很容易被换成另一个。因此，许多神经症患者都很容易摇摆不定，可以说是很容易无意识地被收买，而诱惑可以是更多的爱、更多的威望、认可、权力或“自由”。这点适用于他们所有的个人关系，不管是个体的，还是群体中的。他们常常无法坚持一种感觉或对别人的看法。一些毫无根据的流言蜚语可能改变他们的观点。一些失望或怠慢，或任何他所以为如此的感受，都足以成为他抛弃一个“非常要好的朋友”的理由。遭遇困境可能使他们的热情熄灭。因为一些私人恩怨，他们可能改变自己的宗教、政治或科学观点。他们可能在一次私人谈话中表明立场，但在权威或群体的一点点压力下便让步了，而他们常常不知道自己为何改变意见，甚至完全不知道自己这么做了。

一个神经症患者可能无意识地避免明显的摇摆不定，他通过一开始不表态，或“保持中立”的办法，为任何改变敞开了大门。他可能把这种态度合理化，指出这个情况真的错综复杂，或他可能受强迫性的“公平”支配。毫无疑问，真心追求公平是难能可贵的。真心想要公平公正，的确会使人更难在许多情境中采取明确的立场。但公平可能是理想化意象的一个强迫性的部分，它的功能是使其不需要表明立场，而与此同时，还使这个人因为不屑于这些带偏见的争斗而感觉自己被“神圣化”。在这种情况下，他倾向于不加区分地相信两种不太矛盾的观点，或在两个人的争吵中觉得双方都有道理。正是这种假客观，阻碍了一个人去认识任何事情的本质问题。

在这方面，各种类型的神经症具有很大的差异。最诚实的是那些真正离群的人，他们置身于神经症竞争与神经症依恋的旋涡之外，不太容易被“爱”或雄心壮志所贿赂。同样，他们对于生活的旁观态度也常常使他们能够相当可观地做判断。但不是每个离群者都能表明立场。他可能非常讨厌争辩或承认他也没有明确的立场，但他要么混淆视听，要么最多只是记下好坏利弊，而不形成自己的任何信念。

另一方面，攻击型人好像与我认为神经症患者通常难以表明立场的主张相反。尤其是如果他固执地相信自己是正确的，就好像具备一种非凡的能力，能形成明确的观点，能捍卫和信守这些观点。但这个印象是具有欺骗性的。如果这类人态度明确，通常都是因为他固执己见，而不是因为他有诚挚的信念。由于这些观点也会用于扼杀他对自己的所有怀疑，所以他的观点往往具有独断甚至是幻想的性质。而且，他可能为权力或成功所收买。他的可靠性受限于他对权威和认可的渴求。

神经症患者对于责任的态度让人匪夷所思。这部分是由于“责任”这个词本身具有各种含义。它可能指的是完成任务或义务的责任心。神经症患者是否在这点上具有责任感，取决于他的神经症人格，这不是所有神经症所共有的。对他人负责可能意味着觉得对自己的行为负有责任，因为这些行为会影响别人，但也可能是支配他人的委婉说辞。当对自己负责意味着承担过错时，就可能只是在表达对于没有成为自己理想化意象的愤怒，从这个意义上讲，它就与责任感完全无关。

如果弄清楚对自己负责究竟是什么意思，我们就能明白，只要不是不可能，任何神经症患者都很难承担责任。它首先意味着要实事求是地向自己也向他人承认，诸如此类的东西是他的意图、他的言辞或他的行为，还要心甘情愿地承担后果，这就会与说谎或推卸责任相反。从这个意义上讲，神经症患者是很难对自己负责的，因为他通常不知道他在做什么，或他为何要这么做，甚至主观上对这些问题一无所知。这也是为何他常常通过否认、遗忘、轻视、不经意地找借口、感觉被误解或犯糊涂等来逃避惩罚。而且，由于他倾向于把自己排除在外或赦免自己，他很容易认为他的妻子、生意伙伴、分析师要为他所出现的任何困难负责。另一个因素也常常导致他无法为自己的行为承担责任，或者无法看到这些责任，即他内心潜藏的无所不能的感觉，基于此，他期望为所欲为并逍遥法外。要意识到不可推卸的责任，就要打破这种感觉。最后一个相关因素乍看起来好像是无法理性思考原因及后果。神经症患者通常给人的印象是天生只能想到错误和惩罚。几乎每个病人都觉得分析师是在责备他，而实际上分析师只是让他面对自己的困难和后果。在精神分析之外的情境中，他可能觉得自己像一个总是处于被怀疑与攻击情境下的犯人，因而他时刻都在防备。事实上，这是心理过程的外化作用。正如我们所见，这些怀疑与攻击的源头正是他自己的理想化意象。正是吹毛求疵与防御的内心过程，加上外化作用，几乎使他不可能考虑相关的因果关系。但对于与他的困难无关的地方，他就能像其他人一样实事求是。如果街道因为下雨而湿了，他不会过问是谁的错，这无非是因为他接受这个因果关系。

此外，当我们谈到对自己负责任，我们的意思是指有能力拥护我们相信正确的东西，以及当我们的行为或决定被证实是错误的时候，能心甘情愿地承担后果。这对于一个被冲突所分裂的人来说同样很难。他究竟应该或能够拥护自己心中的哪种冲突倾向呢？哪种倾向都不是他真正想要或相信的，他真正能够拥护的只是他的理想化意象。然而，这又不允许任何错误的发生。因此，如果他的决定或行为导致问题出现，他就必须歪曲事实，把不利后果归咎于别人。

一个相对简单的例子能证明这个问题。有个男人是某个机构的领导者，他渴望无限的权力与威望。做什么事情或决定都离不开他，他无法让自己把种种职务委派给他人，而别人经过训练可能更能胜任某些事务。在他心里，他所做的一切都最具权威性。而且，他不想让其他人变得不可或缺。他觉得自己之所以无法达到自己的期望只是因为时间和精力有限。但这个男人不仅想要支配，他也是顺从的，需要当一个超级大好人。因为未解决冲突所导致的后果，他具有所有我们所描述的特征：惰性、需要睡眠、犹豫不决和拖延，以及无法规划自己的时间。而且，由于他认为赴约是种无法忍受的压迫，所以他暗自享受让别人等待。此外，他还做了许多微不足道的事情，只是因为这些事情满足了他的虚荣心。最后，他渴望成为一个为家庭奉献的男人，这耗费了他大量的时间和思考。于是，机构里的事自然没有做得很好，但他觉得自己毫无过错，而把责任推给别人或不利的环境。

我们再次要问，他到底能为自己人格的哪部分负责？是他的支配倾向，还是他的依从、让步和讨好自己的倾向？首先，他两者都没有意识到。但就算他意识到了，他也不能放下一个，然后放弃另一个，因为两个都是强迫性的。再者，他的理想化意象只允许他看到自己身上理想的美德与无限的能力。因此，他无法为那些必然随他内心冲突而产生的后果负责。要是这么做，就会使他由于焦虑而对自己所隐瞒的一切显露无遗。

总的来说，神经症患者特别反感（无意识地）为自己的行为承担责任。他充耳不闻，熟视无睹。他无法摆脱自己内心的冲突，就坚信（同样无意识地）他无所不能，应该能够处理这些问题。他相信，这些后果可能会束缚别人，但对他来说，它们并不存在。因此，他必须继续避免认识到任何因果关系。如果他对它们打开心扉，它们就会给他狠狠地上一课。它们会成功证明他的生活机制出了问题，以及由于他无意识中诡计多端，他无法承认我们心理生活里的规律与生理上的规律一样不可阻挡。[1]

事实上，所有涉及责任感的话题都吸引不了他。他看到的，或隐隐感觉到的，只是责任的消极面。而他所没有看到的，他渐渐才领悟到的，是通过对责任的视而不见挫败了自己对于独立的炽热追求。他希望通过大肆驱逐所有责任来实现独立，然而事实上，对自己和他人负责才是真正内心自由的必要条件。

患者不承认自己的问题，不承认他的痛苦产生于他内心的冲突，他求助于三种措施中的某一种，而且通常是三种措施都采用。外化作用可能最大规模地被运用于这方面，对于这种情况，一切事物，从食物、天气或宪法到父母、妻子或命运，都会因为不幸之事而被责难。或者，他采取的态度可能是，由于他没有错，那任何祸事降

[1] 参见林语堂:《啼笑皆非》，见前注。在“业缘”一章中，西方文化中的人对这些心理规律缺乏认识，作者对此表达了自己的惊讶。

临到他身上都是不公平的。他会生病、衰老或死亡，这是不公平的；他的婚姻不幸福、小孩有问题或工作不被认可，这也是不公平的。这种想法可能是有意识或无意识的，而无疑是错误的，因为它不仅使他不分担自己的困难，还排除了所有与他无关却影响他生活的因素。然而，它具有自身的逻辑。它是孤立者的典型观念，他只以自我为中心，这使他无法看到自己只是大锁链中的一个小链环。他只是理所应当地认为，在某个社会体制中的某个时间，他应该得到生活中的一切好处，而不管好歹，他都痛恨与别人联系在一起。因此，他不知道自己为何要为与他个人无关的事情而痛苦。

第三种措施与拒绝认识到因果关系有关。在他心里，后果被视为孤立事件，与他自己或他的困难都无关。例如，抑郁症或恐惧症可能从天而降。当然，这可能是由于心理学方面的无知或缺乏观察导致的。但在精神分析中，我们可以看到，病人会表现出最为顽固的阻抗，拒不承认任何无形的关联。他可能会一直怀疑或遗忘这些联系；或他可能觉得，分析师不是赶紧消除这些令人恼火的障碍——这正是他来这里的原因，而是把“责任”推给他，然后巧妙地挽回自己的颜面。因此，某个病人可能逐渐熟知那些与他惰性有关的因素，但无视于一个明显的事实，即他的惰性不仅使分析过程慢下来，还使他做的一切事情都慢下来了。或者，另一个病人可能逐渐意识到自己对别人有攻击性的诋毁行为，但无法理解他为何总是争吵不休，总是被人讨厌。这些困难存在于他心中是一件事，而他在现实中的日常问题又是另一件事。像这样将自己内心的问题与这些问题对生活的影响分离开来，正是整个间隔划分倾向的主要动力之一。

对于认识到神经症态度和动力的后果的阻抗，在极大程度上被掩盖起来了，而且可能很容易被分析师忽视，因为这种因果关系在分析师看来太过于明显。这很不幸，因为只有使病人意识到自己对后果以及行为原因视而不见，他才可能认识到他有多阻碍自己的生活。后果意识是分析中最强有力的治疗因素，因为它让病人注意到，只有改变他内心的某些东西，他才能获得自由。

那么，如果神经症患者无法负责自己的伪装、自大、自我中心、卸责，我们还能完全从道德方面来说吗？有一种观点认为，和外科医生一样，我们只需要关注病人的疾病与治疗，而他的道德问题不属于我们的领域。这种观点还会指出，弗洛伊德的伟大功绩之一就是推翻了我所提倡的“道德”态度！

这种观点被视为具有科学性，但它是站得住脚的吗？我们真的能在人类行为问题上排除对错吗？如果分析师来决定什么需要分析性检查而什么不需要，难道他们不是基于自己在有意识中所拒绝的判断来着手的吗？然而，在这种隐性判断中有一个危险：它们的判断基础不是过于主观，就是过于传统。因此，一个分析师可能觉得并不需要分析一个男人拈花惹草的问题，而一个女人的这个问题就值得仔细审查。或者，如果他相信离开性驱力也能无拘无束地生活，他可能会觉得忠诚问题需要分析，不管是对于男性还是女性。实际上，判断应该基于这个病人的神经症。要决定的问题是，病人所采取的态度是否具有损害他发展与人际关系的后果。如果有，那它就是错的，是需要解决的。为了使病人能够在这方面形成自己的观点，分析师应该把自己下结论的理由向病人说明。最后，上面那种观点难道不包括存在于病人想法中的那些谬论，也即是，道德只是一个判断问题，而根本不是与后果相结合的一个事实？让我们以神经症自大为例子。它的存在是一个事实，不管病人是否对此负责。分析师相信，自大是病人需要认识与最终克服的问题。他之所以采取这个批判态度，难道不是因为他在主日学校里学到，自大是罪恶的，而谦逊是种美德？或者，他的判断所依据的事实是，自大是不切实际的，具有不良后果，必然是病人的负担——就算他忽视自己的责任。其后果，就自大的情况而言，就是使病人无法了解自己，从而阻碍他的发展。另外，自大的病人容易对他人不公平，这本身就具有后果：不仅在于使自己与他人时有冲突，还在于使自己疏远所有人。然而，这只会加深他的神经症。因为病人的道德问题在一定程度上来自他的神经症，又在一定程度上有利于维持他的神经症，所以分析师除了关注道德别无选择。

第十一章　绝望

尽管有冲突，但神经症患者偶尔还是能够感到心满意足，还是能够享受那些称他心意的事情。但他的愉悦感要经常出现，却依赖太多条件。他要在一些事上找到乐趣，除非他独处，或除非他与别人分享；除非他是那个环境中的主导因素，或除非他在各方面得到支持。他快乐的条件常常是矛盾的，这使得他快乐的机会变得更渺茫。他可能乐于让别人带头，但可能同时又讨厌这样。一个女人可能享受丈夫的成功，但可能又嫉妒他的成功。她可能喜欢举办派对，但必须让一切尽善尽美又使她还没开始就已经疲惫不堪。而一旦神经症患者找到短暂的快乐，又太容易被他的各种脆弱与恐惧给打乱。

而且，发生于日常生活中所谓的祸事，在他心中表现得极为格格不入。任何小错误都可能使他萎靡不振，因为它证明了他一无是处，即使只是因为一些不在他控制范围内的因素。任何没有恶意的批评言论都可能使他烦恼或担忧等。结果，他通常比实际情况更不快乐、更不满意。

这个情况现在已经够糟糕了，还要被进一步地放大。人类能够忍受巨大的不幸，只要他还存有希望。但神经症的纠葛总是会滋生一定程度的绝望，而纠葛得越严重，绝望也就越大。绝望可能被深埋于心：表面上看，神经症患者可能沉浸于想象或计划让事情处于更好的种种状态中。要是他结婚了，有一栋豪宅，有一个不同的领班，不同的妻子，那该多好；要是她是男性，能年长或年轻一点，能高一点或不这么高，那该多好，那一切都万事大吉了。但有时，消除这些令人不安的因素确实被证明是有用的。然而，更多时候，这种希望仅仅是将内心的困难外化，是注定令他失望的。神经症患者期望借由外部改变来改善环境，但难免把他自己与他的神经症都带进新的情况中。

依靠外部因素的希望自然是更盛行于年轻人之中，这也是分析年轻人可能会不如预期那么简单的原因之一。随着人的成长，随着希望逐一褪色，人们会更愿意好好看看自己，把自己看作苦恼的一个可能来源。

即使一种普遍性的绝望感是无意识的，人们也能从各式各样的指标中推测出它的存在和力量。人生历程中的某些片段可能显示，一个人对于失望的反应在强度和持续时间上都完全与刺激不相称。因此，我们可能遇到一种彻彻底底的绝望感，而这种绝望在表面上产生于青春期的暗恋，产生于朋友的背叛、不公平的解雇、种种考试的失败。当然，我们首先要弄清楚，如此深刻的反应可能是出于哪些特别的原因。但除了特别原因外，我们往往会发现，不幸经历还会释放出更深层的绝望。同样，时常想到死亡或冒出自杀念头，不管有没有情感因素，都表明这个人有一种弥散性的绝望，即便这个人表面上看来很乐观。普遍性的轻率无礼、拒绝重视任何事（不管是在分析情境之中还是之外）则是另一项指标，比如说明他在面对困难时很容易自暴自弃。弗洛伊德所界定的负性治疗反应就大抵属于这种情况。一种新见解尽管可能令人痛苦，却提供了一条出路，但它可能只会激起灰心丧气，以及不情愿经历再次解决新问题的艰难困苦。有时，这看起来好像是病人不相信自己能克服某个困难，但实际上，它表现出他对于从克服困难中有所收获不抱希望。在这些情况下，他抱怨说这种见解伤害或惊吓到他，还怨恨被分析师搅得心烦意乱，这些反应是符合他的逻辑的。沉浸于预见或预言未来也是绝望的征兆。虽然在表面上看，这好像一般是对于生活的焦虑，对于未知的焦虑，对于犯错的焦虑，但我们会观察到，在这种情况中，展望总是略带悲观色彩。就像卡桑德拉，许多神经症患者所预见的多是不幸，鲜有好事。在这方面集中于黑暗面而非光明面，会使一个人遭受深切的绝望感，不管他多明智地将其合理化。最终，慢性的抑郁状态可能会以非常隐蔽的方式存在，以至不会让人觉得是抑郁。饱经折磨的人也可能机能状态相当良好。他们也能快乐，也能玩得高兴，但他们可能要花时间在早上把自己唤醒，让自己振作，可以说是让自己再次忍受生活。生活是永恒的负担，以至他们几乎不会把生活视为生活本身，也几乎不会对此抱怨。但他们的精神状态永远都处于低谷。

虽然绝望感的来源总是无意识的，但感觉本身可能非常有意识。

一个人可能有一种弥散性的厄运感，或者他可能普遍采取一种逆来顺受的态度来对待生活，不指望会发生好事，而只是觉得生活必须拿来忍受。或者他可能以哲学的话来表达绝望，事实上他是说，生活在本质上是悲惨不幸的，只有傻子才会骗自己说人的命运不是永恒不变的。

病人的绝望感可能在初步会谈时就给我们留下印象。他不愿做出一点点牺牲，不愿忍受丝毫麻烦，也不愿冒一丁点风险。他可能因而表现出过于任性的样子。但事实是，一旦他不期望从牺牲中有所收获时，就找不到任何强迫性的理由要这么做。在分析情境之外也能看到类似的态度。他们待在完全不满意的处境中，而一点点努力和主动性就能改善这种处境。但一个人可能被他的绝望彻底麻痹，以至适当的困难在他看来都是不可逾越的障碍。

有时，偶然的言辞会使这种状况浮出表面。当分析师只是说某个问题还没解决，还需要在这个问题上下更多功夫，病人的反应可能是："你不觉得这无可救药吗？"而当他逐渐意识到自己的绝望时，他往往无法做出解释。他会很容易把绝望归因于各种外部因素，从他的工作或婚姻到政治环境。但这种绝望并不是由于任何具体或临时的境况。他对于有所作为感到绝望，也对快乐或自由感到绝望。他觉得自己永远被排除在一切能使他生活有意义的事物之外。

也许索伦·克尔凯郭尔曾给出意义最深远的答案。他在《致死的疾病》中说，一切绝望基本都是对于做自己的绝望。所有时期的哲学家都曾强调过做自己的关键性意义，以及无法做自己而带来的绝望感。这也是禅师著作的中心主题。在现代作者中，我只引述约翰·麦克姆雷的话:“除了完完全全、彻彻底底地做自己，我们的存在还有其他意义吗？”[1]

绝望是未解决冲突的最终产物，它主要来源于对无法全心全意与不分心而感到绝望。神经症困难的程度递升导致了这种状况。它的基础在于像落网的小鸟一样陷入冲突中，看似没有脱身的可能性。最关键的是，所有尝试解决的途径不仅失败了，还使这个人愈加疏远自己。重复的经历有助于增加绝望的强度。这种绝望阻碍了这个人继续追求成功，不管是因为精力一次又一次被分散到太多方面，还是因为在某些创造性过程中所产生的种种困难。恋爱、婚姻、友谊也是如此，一个接一个地沉于大海。像这样反复失败，与实验室的小白鼠一样令人沮丧，习惯了跳入某个缺口寻找食物，却一次又一次被阻挡在外。

此外，努力达到理想化意象的进取心也是真正不可救药的。很难说这到底是不是产生绝望感的最强有力的因素。然而，毫无疑问的是，在分析中，当病人开始意识到自己远非他想象中那个无与伦比的完人，绝望感便凸显出来。他在此时所感觉到的绝望感，不仅因为他对自己达不到那些幻想中的高度而感到绝望，更因为他对于这种领悟的反应带着深深的自卑感，有害于他有所收获的期望，不管是在爱还是工作中。

在所有影响因素中，最后一个因素还包括这样一个心理过程，即一个人的重心在内部发生转移，以及他不再积极推进自己的人生。

[1] 该句引自约翰·麦克姆雷所著《理智与情感》，阿普尔顿世纪出版社 1938 年版。

其结果就是，他不再信任自己，也不再相信自己能作为一个人类而发展；他倾向于放弃，这种态度尽管可能被遗漏，但其后果的严重性可称得上一种心理死亡。就像克尔凯郭尔所说："但尽管事实上（他感到绝望）……然而他可能……完全能够活下去，能够做一个男人，从表面上来看，还能够让自己忙于俗事、结婚、为人之父、赢得荣耀与尊严——也许没人注意到，从更深的意义上来说，他缺乏自我。世人并不对此大惊小怪，因为自我是世人最不常查究的东西，而且对一个人来说，让别人注意到他的自我是最危险的事情。最大的危险其实是失去自我，它可能会悄然逝去，就好像没有发生，而其他损失，诸如失去手臂、腿、五美元、妻子等，是一定能被注意到的。"

从我的监察工作经验中我知道，分析师常常没有明确地正视绝望感的问题，因而也没有妥善处理。我有一些同事曾经招架不住病人的绝望感，他们意识到了这种绝望感，但没有视之为一种心理问题，以至他们自己也变得绝望。当然，这种态度对分析师是致命的，因为不管技术多么娴熟，或所做的努力多么勇敢，病人还是会觉得分析师真的放弃他了。在分析环境之外亦是如此。不相信对方有可能实现自己的潜力，也就不可能成为一个有建设性帮助的朋友或伴侣。

有时，同事还会犯相反的错，不够重视病人的绝望感。他们觉得病人需要鼓励然后就给他鼓励，这是可圈可点的，但还远远不够。当这种情况发生，即便病人知道分析师的意图是善意的，他也完全有正当理由被分析师惹恼，因为他内心深处知道，他的绝望并不是一种心境，不是通过好心的鼓励就能消散的。

为了当机立断并直接处理这个问题，首先有必要从上述间接指标中识别出病人的绝望感及其程度。然后，必须明白他的绝望完全来源于他的神经症纠葛。分析师必须意识到并明确告诉病人，只要他的现状持续存在，而且他还认为无法改变，他的处境才是没有希望的。简而化之，契诃夫的《樱桃园》中的一个片段能阐明整个问题。一个家庭面临破产，一想到要离开他们的地产，其中有他们深爱的樱桃园，一家人就陷入绝望之中。一个有经验的男人给他们提出了合理的建议，让他们在这片土地上修建小屋。但他们冥顽不化，无法赞同这个提议，也由于没有其他解决办法，他们一直看不到希望。他们无助地询问是否有人能给出建议或帮助他们，就好像从没听到那个建议一样。如果为他们出谋划策的那个人是一个优秀的分析师，他就会说："情况当然很艰难，但造成这种绝望的是你们的态度。如果你们考虑改变一下自己对于生活的看法，必然就不需要感觉绝望了。"

相信病人可能真正改变，在本质上就意味着相信他能真正消除自己内心的冲突，这个因素决定了治疗者敢不敢处理这个问题，决定了他有没有相当大的成功机会。在这里，我与弗洛伊德的分歧很明显。弗洛伊德在这背后的心理学与哲学观在本质上是悲观的，这点在他对于人类未来的看法[1]和对于治疗的态度[2]上都很明显。而

[1] 西格蒙德 · 弗洛伊德:《文明与缺憾》(《国际精神分析丛书》第 17 册)，1930 年。
[2] 西格蒙德 · 弗洛伊德:《有尽与无尽的分析》，载《国际精神分析杂志》，1937 年。

且在他理论假设的基础上，也只能悲观。一个受本能驱使的人，充其量也只能通过“升华”来矫正。他对于满足的本能驱力难免会遭到社会的挫败。他的“自我”在本能驱力与“超我”之间无可奈何地折腾，而它本身却只能被矫正。超我主要是禁止与破坏，并不存在真实的理想。想要自我实现则是“自恋”。一个天生具备破坏性与“死本能”的人，要么被迫摧毁他人，要么被迫遭受痛苦。所有这些理论都没有给做出改变的乐观态度留有余地，而且限制了弗洛伊德开创的这个极具潜力的治疗方法的价值。相反，我相信，神经症的强迫性倾向并不是一种本能，而是产生于紊乱的人际关系；一旦这些关系有了改善，这些倾向就可以改变，而且由此而来的冲突也能真正得到解决。这并不意味着在我所倡导的原则之上的治疗方法就没有局限。在我们明确确定这些局限之前，还有待做更多努力。但这的确意味着，我们有充分的理由相信存在彻底改变的可能性。

那么，识别与处理病人的绝望感为何如此重要？首先，这个做法对于处理诸如抑郁和自杀倾向的特殊问题来说很有价值。我们的确可以只揭露病人当时所处的特定冲突，而无须触及他普遍性的绝望感就可以消散个人的抑郁状态。但如果我们想要防止抑郁复发，就必须去处理它，因为抑郁有更深层的源头。除非我们找到根源，否则潜在的慢性抑郁是无法解决的。

自杀情况也是如此。我们知道，诸如急性抑郁、反抗、报复等因素会带来自杀冲动，但这种冲动已经显露之后再来阻止自杀却为时已晚。在不太明显的绝望信号上投入一丁点注意，然后在适当时间与病人处理这个问题，也许许多自杀都能够避免。

更一般性的意义在于，病人的绝望形成一道障碍，阻碍了任何严重神经症的治愈。弗洛伊德倾向于称一切妨碍病人改善的东西为阻抗，但我们基本上不从这个角度来看绝望。在分析中，我们必须处理阻滞动力与推进动力之间的回击，必须处理阻抗与鼓动力。阻抗是一个集合名词，集中了病人内部所有用来维持现状的鼓动力。另一方面，病人的鼓动力产生于具有创造性的精力，这些精力驱策他走向内心的自由。我们的工作正是凭借了这种推动力，而没有它，我们也无能为力。它也是帮助病人克服阻抗的动力；它还使他的自由联想富有成效，从而让分析师有机会理解得更好；它给他提供内心力量，让他能忍受成长所带来的无法逃避的痛苦；它使他愿意冒风险，放弃那些让他感到安全的种种态度，使他愿意跳入对于自己与别人的新态度中。分析师不能把病人硬拖入这个过程，必须病人自己愿意才行。而绝望状态所麻痹的正是这种宝贵的动力。分析师没有识别和处理这个问题，就会在对抗病人神经症的战役中失去最好的盟友。

病人的绝望并不是通过简单的解释就能解决的问题。如果病人开始认为这是个最终可以解决的问题，而不是陷入无法改变命运的感觉之中，就已经有了实质性的收获。这一步足以使他放足前进，当然还是存在起伏。如果他得到一些有用的见解，他可能很乐观，甚至过于乐观，而一旦他得到一个更令他沮丧的见解，就会再次被绝望打垮，这个问题每一次都必须从头解决。但当病人意识到他能够真正改变时，绝望的手又会有所松懈，他的动力会相应地成长起来。在分析的初始，这种动力可能只限于想要摆脱他最紊乱的症状。但当病人逐渐意识到自己身上的枷锁，尝到了自由的滋味，这种动力就会重新获得力量。

第十二章　施虐倾向

陷入绝望中的人会设法以这样或那样的方式“得过且过”。如果他们的创造能力还没有被他们的神经症所严重破坏，他们就可能能够相当有意识地听天由命，专注于一个他们能够富有生产性的领域。他们可能让自己沉浸于社交或宗教活动，或是某一组织中的工作。他们的工作可能是有益的，尽管做起事来总是缺乏兴趣，但他们无意提升自己，这点尤为重要。

一些患者让自己适应了特殊的生活环境，其他人可能不再质疑，却还不是非常明白这么做的意义，只是努力完成自己的责任义务。约翰·马昆德在《时光短暂》中描述了这种生活。我相信，这也是埃里希·弗洛姆所描述的“缺陷”状态[1]，它是与神经症相对照的。然而，我把这解释为神经症过程的结果。

另一方面，他们可能放弃一切严肃认真或有前景的追求，然后

[1] 埃里希·弗洛姆:《神经症的个体与社会根源》，载《美国社会学评论》1944年第9卷第4期。

转向生活的边缘地带，努力从中抢夺些许快乐，在一项嗜好或偶然的趣事中寻得兴致，诸如美酒佳肴与风流韵事。或者他们可能破罐子破摔，任由自己崩溃瓦解。他们无法从事稳定的工作，喜欢酗酒、赌博和嫖妓。查尔斯·杰克逊在《迷失的周末》中所描述的酗酒就代表了这种状态的末期。在这里，可能有趣的地方在于检验一种步入崩溃的无意识决心，它是否可能给诸如肺结核和癌症这样的慢性疾病提供一种强有力的心理影响因素？思考这个问题将会很有趣。

最后，不抱希望的人可能极具破坏性，但同时又尝试通过替代性的生活方式来补偿。在我看来，这就是施虐倾向的意义。

因为弗洛伊德把施虐倾向视为一种本能，精神分析的兴趣便在很大程度上关注所谓的施虐性的变态行为。日常人际关系中的施虐行为模式，虽然没有被忽视，但并没有被严格定义。任何独断或攻击行为都被认为是对本能性施虐倾向的矫正或升华。例如，弗洛伊德就把对权力的追求视为这样一种升华。权力追求的确可能是施虐性的，但对于把生活视为全面抗战的人，它只代表为求生的奋斗。其实，施虐倾向并不一定完全是神经症性的。这种不加区分的后果就是，我们并没有全面了解施虐所采取的各种形式，对于什么是施虐也没有一个准确的判断标准。我们仅凭个人直觉来决定什么称得上施虐而什么又不是施虐，而这样几乎无助于可靠合理的观察。

只是伤害他人这个行为本身并不是施虐倾向的指标。一个人可能忙于个人奋斗或一般性的奋斗，在这个过程中，他必须伤害的不仅是自己的对手，还包括他的盟友。他对他人的敌意也可能只是反应性的。一个人可能感到受伤或惊恐，然后有一股动力让他想要回击，这股动力虽然与客观刺激并不相称，但在主观上极大地支撑他这么做。然而，在这方面很容易自欺：很多时候所声称的正当反应，实际上都是一种施虐倾向在起作用。但是，难以区分这些反应并不意味着反应性敌意就不存在。最后，施虐倾向还具备攻击型人的所有进攻战术，他们觉得自己是在为生存而战。我不应当把这些攻击行为通通称为施虐性的，别人可能在这个过程中受伤，但受伤或受损是一种不可避免的副产物，而并非主要意图。简而言之，我们可以说，尽管我们这里说的这种行为具有攻击性甚至是具有敌意的，但并不意味着是卑鄙灵魂在作祟。伤害并没有带来有意识或无意识的满足。

相反地，让我们想想一些典型的施虐态度。最明显的是那些肆无忌惮地向他人表现施虐倾向的人，不管他们是否意识到自己这种倾向。但我在下文说到的施虐者，指的是一个对他人的态度以施虐占主导的人。

这种人可能想要奴役他人或奴役某个具体的对象。他的“受害人”必须是一位超人的奴隶，既没有自己的愿望、感觉或主动性，也不会对主人提出任何要求。这种倾向所采取的形式可能是塑造或训练这个受害人，就像《卖花女》中的希金斯教授塑造伊莉莎一样。在最乐观的情况下，她也能有建设性的一面，譬如在亲子关系或师生关系中。偶尔，性关系中也具有这一面，尤其是当施虐伴侣更成熟年长的情况。有时这在一个年长而另一个年轻的男同性恋关系中尤为明显。但即便如此，如果这个奴隶表现出想要自行其是的迹象，想要有自己的朋友或兴趣，这个主人就会凶相毕露。通常，尽管并非始终如此，但这个主人受到一种占有性嫉妒的困扰，并以此作为一种折磨手段。独特之处在于，这种掌控受害者的施虐关系比这个人本身的生活更具吸引力。他宁愿忽视自己的职业，放弃结识其他人的快乐或好处，也不愿授予对方丝毫的独立性。

奴役伴侣的方式是具有特色的。它们的变化范围相对有限，取决于双方的人格结构。施虐者会给予对方的，只是恰好足以让对方觉得这段关系看起来是值得的。他会满足对方的某些需要，虽然从心理上来说，这种满足不会超过他维持最低生活水平之所需。他还会让对方觉得他所付出的是独一无二的。他会指出，没人给他这种理解、这种支持、如此多的性满足或其他好处，甚至没人能容忍他。他可能还会以美好日子来诱惑他——或明或暗地，他会许诺爱或婚姻，或更好的经济地位或待遇。有时，他会强调自己需要对方，并在此基础上提出要求。所有这些策略之所以更行之有效，是因为通过强烈的占有欲与蔑视，他将对方与他人孤立起来了。如果对方因此足够依赖他，他可能最后还会威胁离开对方。还有更进一步的恐吓手段会派上用场，但这些手段是他们生活的重要部分，因而我们会在其他地方单独论述。自然，如果不考虑对方的特征，我们就无法理解这种关系的来龙去脉。通常，对方是依从型人，因而害怕被抛弃；或者，他可能是一个极度压抑自己施虐倾向并对此感到无助的人，后面会展示这一点。

在这种情况中所形成的彼此依赖，不仅会使被奴役者产生怨恨，还会使奴役者滋生愤恨。如果后者的离群需要很显著，那他就会特别憎恨对方占用了他大量思考与精力。他并没有意识到是他自己制造了这些束缚，还可能责备对方控制或依赖他。他想要摆脱这种处境，这跟威胁手段一样是恐惧与愤恨的表达方式。

并非所有施虐者所追求的目标都是奴役他人。另一种满足方式在于像演奏一种乐器一样玩弄对方的情感。索伦·克尔凯郭尔在他的小说《引诱者日记》中展示了一个对自己生活无所指望的人如何被这场游戏本身所吸引。他知道什么时候要表现出兴趣，什么时候要表现出冷漠。他非常敏感于预料与观察姑娘对他的反应。他知道什么会激起和抑制她的性渴望。但他的敏感只限于这场施虐游戏的需求：他完全不关心这种体验对于这个姑娘的生活意味着什么。克尔凯郭尔这篇小说主要体现的是有意识的精打细算，而更多时候，这种计较是无意识的。但它同样是吸引与拒绝、诱惑与失望、鼓舞与贬损、给予快乐与悲痛的游戏。

第三个特征是剥削对方。剥削并不一定是一种施虐性追求，它可能只是用于有所收获。对于施虐性剥削，收获也可能是一个考虑因素，但它也常常是不切实际的，完全与投入其中的情感不相称。对于施虐者，剥削本身就是一种热情，重点在于体验到打垮他人的胜利感。其特有的施虐色彩体现在剥削的手段。直接或间接地，对方要承受越来越高的要求，而如果他没有满足这些要求，就要被迫感到内疚或羞辱。施虐者总是能为不满或不公待遇找到正当理由，并在此基础上变本加厉。易卜生的《海达·高布乐》说明了满足这种要求永远不可能得到对方的感激，以及这些要求本身通常就产生于伤害对方与把自己置于首位的渴望。它们可能与物质或性需要或树立事业有关；它们可能是要求特别关照、排他的爱、无尽的容忍等。它们并没有什么特别具有施虐性的内容：表明施虐的地方在于期望对方无论如何也要充实他情感空虚的生活。海达·高布乐也能很好地证明这点，她一直抱怨自己的空虚感，想要寻求刺激与兴奋感。这种需要就像吸血鬼一样，以他人的情感活力为食，通常是完全无意识的。但也许，它具有追求剥削的本质，是这些要求汲取养分的土壤。

一旦我们意识到其中还同时具有挫伤他人的倾向，就能更清楚地看到这种剥削性质。要说施虐者从不付出，这是不对的。在特定情况下，他甚至可能慷慨无私。典型的施虐并不在于从拒绝给予这个意义上所讲的吝啬，而在于具有更活跃的冲动想要挫败他人——想要扼杀他人的乐趣和辜负他们的期望，尽管这是无意识的。对方的任何满足或愉悦都诱使施虐者以某种方式糟蹋它。如果对方期待与他见面，他就倾向于闷闷不乐。如果对方想要发生性关系，他就会性冷淡或阳痿。任何积极正面的事，他不是不去做就是做不好。仅是散发忧郁，他的表现就已经令人扫兴了。引用奥尔德斯·赫胥黎的话说就是："他什么都不必做，他只要表现就足够了。只靠感染，他们就枯萎发黑了。"之后他又说："多么高贵优雅的权力意志，多么含蓄典雅的残酷行径！具有感染性的忧郁真是具有惊人的天赋，能消磨最高昂的兴致，扼杀最具可能的乐趣。"[1]

与此同样重要的是施虐者倾向于贬低和羞辱他人。他尤为擅长的是看到别人的缺点、发现别人的弱点并指出来。他凭直觉知道别

[1] 奥尔德斯·赫胥黎:《韶光有尽时》，哈珀兄弟出版社 1944 年版。

人的敏感之处以及能伤害的地方在哪里，而且他倾向于冷酷无情地利用这种直觉去贬损他人。这可能被合理化为诚实或想要提供帮助；他可能相信自己是真心因为怀疑别人的能力或诚信而感到烦恼，但如果有人质疑他这些怀疑的诚意，他就会惊慌失措。它也可能只是表现为疑心病重。病人可能会说："要是我能相信那个人就好了！"但是，他在梦中已经把那个人转化成一切令人恶心的东西，从蟑螂到老鼠，这之后还怎么可能指望他相信那个人！换言之，多疑可能只是一个人在心中贬低另一个人的结果。而如果施虐者并没有意识到自己的贬损态度，他可能只意识到由此产生的疑心。这里看起来更适合说是一种找碴儿的热情，而非仅是一种倾向。他不仅将他的探照灯打在现实的瑕疵上，还极其擅长将自己的缺陷外化，然后由此作为指责他人的标准。例如，如果他通过自己的行为使某人心烦意乱，他就会立刻表现出关心，甚至看不起那个人情绪不稳定。如果对方因为害怕而没有完全向他坦白，他就会因为对方保密或说谎而责备对方。当他想方设法让对方依赖他时，他又会因为对方的依赖而责备对方。这种破坏不仅是语言上的问题，还伴随着侮辱行为。羞辱与贬低性行为可能就是这种表达的方式之一。

一旦这些驱力遭到挫折，或一旦局面发生扭转，让施虐者觉得自己被控制、被剥削或被鄙视，他就可能处于一种暴跳如雷的状态之中。于是，在他的想象中，任何折磨都不足以打击这个冒犯者：他可能会踢他、打他，把他剁成肉酱。这股施虐愤怒也可能反过来被压抑，并引发一种剧烈恐慌的状态，或某些躯体机能的紊乱，这些紊乱说明了他内心紧张感的增长。

那么，这些倾向到底是什么意思？迫使一个人如此残酷的内心需要是什么？假设施虐倾向是性驱力倒错表现的看法并没有现实基础。它们的确可以表现在性行为方面。我们所有人格态度都一定会表现在性方面，正如它们会表现在我们的工作方式、步态和笔迹上一样，施虐倾向也不例外。许多施虐追求的确带有某种兴奋感，或正如我重申过的，带着一种引人入胜的热情。然而，这些激动或兴奋情绪具有性本质的结论，只是基于任何兴奋本身是一种性这个假设，即使是这些情绪并不被感受为性。但并没有证据证实这种假设。从现象学上来看，施虐激情与性放纵这两种感觉在本质上全然不同。

还有人认为，施虐冲动是一种儿童时期虐待倾向的继续，这种主张具有一定的吸引力，因为年幼的孩子常常残忍地对待动物或更年幼的孩子，而且明显乐此不疲。鉴于这种表面上的相似性，有人可能会说，这种施虐只是孩童基本的残忍行为被精细化的结果。但事实上，它不仅仅是被精细化——成年施虐者的残忍是不同类型的。正如我们所见，它具有显著的特征，即缺乏孩童那种直率彻底的一面。孩童的残忍似乎是对于感觉受压迫或羞辱的一种相对简单的反应。他通过在弱者身上练习复仇来维护自己。更确切地说，施虐倾向更为复杂，也成长于更为复杂的根基。并且，像这样试图通过直接与早期经验联系在一起的方式来解释施虐特点，都没有回答一个至关重要的问题：究竟是哪些因素导致残忍行为的持续与精化？

上述的每种假设都只抓住了施虐的一个方面，一个抓住了性，一个抓住了残忍，却都没有解释这些特征。埃里希·弗洛姆的解释[1]也是如此，尽管他的解释比其他解释更接近本质。弗洛姆认为，施虐者并不想摧毁那个他所依附的人，但因为他无法过自己的生活，所以必须把对方当作一种共生的存在。这显然是正确的，但仍然不足以解释一个人为何会受到强迫性的驱使去破坏别人的生活，或这种破坏为何采取这种形式。

如果我们把施虐视为一种神经症症状，我们就不能从解释症状着手，一如往常，我们必须先设法弄清楚产生这种倾向的人格结构。当我们从这个角度来处理这个问题就能意识到，那些对自己的生活并不深感枉然的人，是不会发展出明显的施虐倾向的。早在我们能够通过敦促性的临床检查来挖掘这点之前，诗人们就凭直觉感觉到了这个潜在条件。在海达·高布乐与诱惑者的例子中，有所作为的可能性或多或少已经盖棺定论。若在这种情况下，一个人找不到听天由命的方法，就必然变得无比愤恨。他觉得自己永远被排除在外，永远被打败。

因此，他开始憎恨生活，憎恨生活中所有积极的事物。但他的憎恨中带着剧烈的嫉妒，一种得不到自己热切渴望的东西的嫉妒。这是一种觉得生活忽略了自己的强烈嫉妒，尼采称之为“生活嫉妒”。他也不觉得别人有自己的伤心事：“他们”在他饥肠辘辘的时候坐在餐桌前；“他们”爱着、创造着、享受着，感到健康与自在，还有所归属。他人的幸福，与他们对于幸福快乐的“天真”期盼，都惹恼了他。若他无法快乐和自由，为何他们就可以？用陀思妥耶夫斯基

[1] 埃里希·弗洛姆：《逃避自由》，法勒-莱恩哈特出版社 1941 年版。

笔下那个白痴的话说，他无法原谅他们的幸福。他必须践踏他们的快乐。他的态度也能用一个故事来说明，一个老师因患肺结核而悲观沮丧，他往自己学生的三明治里吐口水，还为自己能够击溃他们而扬扬得意。这是心怀恶意的嫉妒的一种有意识行为，对于施虐者，挫败他人与击溃他人精神的倾向通常是完全无意识的。但目的与那个老师一样险恶：把他的痛苦分给别人。如果别人和他一样被打败、被贬低，他自己的痛苦就得到了舒缓，因为他不再觉得自己是唯一受折磨的人。

他减轻自己痛苦的嫉妒的另一种方式是将一种“酸葡萄”策略运用得登峰造极，以至即使是训练有素的观察者也很容易被蒙蔽。事实上，他的嫉妒深埋于心，因而他自己会嘲笑任何表明其存在的暗示。他关注痛苦、累赘或生活的丑陋面，因而这不仅表现出他的怨恨，甚至更多是他致力于向自己证明他毫无损失。他不断地挑刺和贬低，在一定程度上就是出于这个缘故。例如，他会注意到漂亮女人身上某处不完美的地方；进入一个房间，他的眼睛会注意到某个不匹配的颜色或家具；他会从一次在其他方面都很出色的演讲中挑出一个瑕疵；同样，别人生活中或性格上或动机上的错误都会赫然在目。如果他久经世故，就会把这种态度提升为对于瑕疵的敏感。但其实他唯独把探照灯照在这一点上，而使其他一切事物都处于黑暗之中。

尽管他成功平息了自己的嫉妒，并成功卸下了自己的怨恨，但他的贬低态度反过来又引起长久的失望与不满。例如，如果他有孩子，他主要会想到相应的负担与义务；如果他没有孩子，他会觉得这种人类最重要的经历拒绝了他。如果他没有性关系，他会感觉被剥夺，会关心禁欲的危害；如果他有性关系，他会觉得被她们羞辱，会为她们感到羞耻。如果他有机会旅行，就会为种种不便利而大为恼火；如果他无法旅行，他就会断定，不得不待在家里是一件不光彩的事。由于他没有想到自己长期不满的源头在于自己内心，所以他觉得自己有权让别人记住他们是如何辜负他的，并有资格提出更高的要求，而满足这种要求永远也无法使他满意。

强烈的嫉妒、贬低的倾向与由此而来的不满在某种程度上解释了某种施虐倾向。我们明白了施虐者为何被迫挫伤他人、把痛苦强加给他人、挑刺、提出贪得无厌的要求。但是，除非我们认识到他的绝望给他与自己的关系带来什么影响，否则我们无法知道他的破坏性程度，也无法领会到他刚愎自用的自以为是。

虽然他亵渎了人类尊严最基本的要求，但与此同时，他心中怀有一个道德标准特别高、特别刻板的理想化意象。他是那些对于要达到这些标准而感到失望的人（之前我们谈到过他们）之一，有意识或无意识地决定要尽可能变“糟糕”。他可能成功变糟，带着一种令人绝望的快乐沉溺其中。但通过这么做，理想化意象与现实自我之间的鸿沟变得不可逾越。他感到无法补救，也无法得到宽恕。他的绝望越来越深，还发展出一种无所可失的胆大妄为。只要这种情况持续下去，他就确实不可能对自己采取一种建设性的态度。任何试图使自己富有建设性的直接努力都注定徒劳，也出卖了他对自己情况的无知。

他的自我憎恨达到了无法正视自己的程度。他必须通过加固已有的正义装备，使自己坚定不移地对抗这种憎恨。最轻微的批评、忽视或缺乏特别的认可都可能调动起他的自轻自贱，因而他必须把这些当作不公平而予以拒绝。因此，他被迫外化自己的自卑，去归罪、痛斥、羞辱他人。然而，这使他落入恶性循环的陷阱中。他越是蔑视他人，就越是意识不到自己的自卑——然后自卑就生长得越猛烈、越无情，他也越绝望。于是，袭击别人成了一件自我保护的事情。前面举的某个例子就能说明这个过程，那个病人控诉她的丈夫犹豫不决、想让她崩溃，然后她意识到其实她是对自己的犹豫不决大为不满。

就此而论，我们开始领悟到，为何对于施虐者来说，贬损他人是势在必行的。而且我们现在也能看到，他想要改造他人，或至少在改造对方驱力方面具有强迫性，而且有时还具有幻想性，这种驱力自有其内在逻辑。由于他自己无法达到自己的理想化意象，所以对方必须做到；而他对自己的严酷愤怒，也因为对方在这方面的任何失误而迁怒到对方身上。他有时可能问自己："为何我就不放过他呢？"但很明显，只要内心的战争还在继续，还在外化，这种理性思考就是无济于事的。他往往把压力合理化，以"爱"或"发展"利益的名义施加到对方身上。无须说，这并不是爱。但也不是沿着自己的路线、跟从自己内心的发展利益。事实上，他试图给对方施加一个不可能完成的任务，即实现他（施虐者）的理想化意象。他不得不发展出正义来作为一个抵御自卑的盾牌，使他带着自鸣得意的把握来这么做。

理解这种内心挣扎还能使我们更好地洞察到，施虐症状所固有的另外一个更具普遍性的因素是：报复心像毒药一样渗入施虐者的每个人格细胞中。他怀恨在心，也必须怀恨在心，因为他把对自己强烈的轻视转向外了。由于他的正义使他看不到自己在任何困难中的责任，所以他必须觉得自己是个被虐待的受害者；由于他无法看到所有绝望的源头都在他内心，所以他必须让别人对此负责。他们毁了他的生活，他们必须弥补——他们必须自食其果。正是这种报复心，而不是其他因素，扼杀了他内心所有同情与仁慈。为什么他应该同情那些糟蹋了他生活（加上还比他过得好）的人？就个体情况而言，复仇的渴望可能是有意识的，例如，他可能意识到了自己对自己父母的报复心。然而，他没有意识到这是一种弥散性的人格倾向。

正如我们迄今所见，施虐者因为感到被排斥，而且被判定是胡作非为，就在盲目报复中把自己的愤怒发泄到别人身上。而且我们现在知道，通过使别人痛苦，他力图缓解自己的痛苦。但这算不上是完整的解释。单是破坏性的方面，还不能解释许多施虐追求中专心致志的热情。其中必然还有更正向的收获，这些收获对施虐者来说重要至极。这种说法可能看似与施虐是绝望的结果这个假设相矛盾。一个绝望的人怎么可能还期待并追求什么，而且还怀有如此充沛的精力？然而，其实站在他的主观立场上看，这对他来说是受益匪浅的。在贬低他人中，他不仅减轻了自己无法忍受的自卑，同时还给自己带来了优越感。当他塑造别人的生活时，他不仅收获了一种主宰他人的刺激感，还找到了自己人生的替代性意义。当他在情感上剥削他人时，他给自己提供了一种替代性的情感生活，这减轻了他的寂寞感。当他挫败他人时，他赢得了因胜利而来的耀武扬威，这掩盖了他自己绝望不可救药的失败。这种对报复性胜利的追求也许是他最强烈的驱动力。

他的一切追求也用于满足他对于激情与兴奋的饥渴。一个健康平衡的人并不需要这种激情。他越成熟，就越不在乎激情。但施虐者的情感生活是空洞无物的，除了那些愤怒与胜利喜悦，基本上所有感觉都被遏制了，他虽生犹死，因而需要这些强烈的刺激来让他感觉自己还活着。

最后同样重要的是，他以施虐方式对待他人，这给他带来力量感与自豪感，这些感受又加强了他无意识的万能感。在分析过程中，病人对自己施虐倾向的态度会经历极大的变化。当他第一次意识到施虐倾向时，他很容易采取一种批判性的态度。但这种含蓄的拒绝并不是真心实意的，而或多或少只是在口头上赞同现行标准。他可能会间歇性地自我厌恶。然而，之后一段时间，当他濒临放弃自己的施虐生活方式时，他可能突然觉得自己即将失去某个珍贵的东西。他可能表现出担心，唯恐精神分析会把他变成一个令人鄙视的懦夫。而且，就像通常在分析中那样，病人的担心在主观上是正当的：他失去了让别人满足他情感需要的力量，觉得自己是个可怜无助的人。最终他会发现，他从施虐中夺来的力量感与自豪感只是一个可怜的替代品。它之所以对他如此珍贵，只是因为他无法获得真正的力量、真正的自豪。

当我们认识到这些收获的性质，我们就会看到，绝望的人可能会狂热地追寻某物这个说法并不矛盾。但他所期望找到的并不是更大的自由或更好的自我实现，所有构成他绝望感的因素都没有改变，而他也不指望改变它们，他所追求的是替代品。

情感方面的收获是通过替代性的生活来实现的。要施虐就意味着要通过其他人来过具有攻击性的生活，还要在极大程度上过具有破坏性的生活。但这对于一个如此失败的人来说是唯一的生活方式。他不顾后果地追求自己的目标，而这种鲁莽产生于绝望。既已无可失，他便只可能有所得。在这点上说，施虐追求有一个积极的目标，而且必须被视为一种尝试弥补的方式。之所以如此热切地追求这个目标，是因为通过战胜他人，施虐者能够消除自己在失败中尝到的可怜感。

然而，这些追求中固有的破坏性成分只有反弹到他自己身上才能维持。我们已经指出过自轻自贱能达到的程度，还有一种同样重要的反弹作用，就是产生焦虑。这在一定程度上是因为害怕报复：他害怕别人会以牙还牙，或以其人之道还治其人之身。在有意识中，这并不常表现为一种恐惧，而只是觉得别人会尽可能（即如果他没有先发制人）“待他不公”是理所当然的。他必须非常机警地预见与预言任何可能性的攻击并先发制人，无论在实际情况中他的目的如何，他都是不可侵犯的。这种对不容侵犯的确信给他带来一种不可一世的安全感：他绝不可能受伤害，他绝不可能被揭露，他绝不可能遭受意外或感染疾病，他甚至不会死。如果尽管如此他还是受伤了，不管是人为还是意外，他伪造的安全感就会被击碎，而他会很容易极度惊慌失措。

在一定程度上，他的焦虑是因为害怕自己心中所具有的爆发性和破坏性的成分，他觉得自己像一个携带着炸弹的人，需要过度的自控和持续警戒来制约这些危险的成分。当他酗酒时，如果在酒精的影响下太过放松，这些危险的成分就可能浮出表面，那他可能变得极具破坏性。在他觉得诱惑的特殊情况下，这些冲动也可能很容易被察觉。因此，左拉的《人兽》中的施虐者，在被一个姑娘吸引的时候会变得恐慌万分，因为这引发了他谋杀她的冲动。目击一次意外或残忍行径也可能导致恐惧发作，因为这唤醒了他的破坏冲动。

自卑与焦虑这两个因素在很大程度上导致了施虐冲动的压抑。压抑的彻底性与深度各不相同。通常，破坏性冲动只是被阻止在意识之外。总的来说，在个体一无所知的情况下到底实施了多少施虐行为是令人吃惊的。他所意识得到的，只是偶尔想要虐待弱者，只是当他阅读到一些施虐行为时会感到兴奋，或有一些明显的施虐幻想。但这些零零碎碎的看法是彼此孤立的。在他的日常生活中，对别人所做的大量行为在极大程度上是无意识的。他对于自己与他人的感觉是麻木的，这是掩盖这一问题的一个因素；就算消除这个因素，他也无法在情感上体验到自己的所作所为。而且，用来掩盖施虐倾向的理由也往往非常巧妙，以至不仅蒙骗了施虐者自己，甚至还蒙骗了那些被他影响的人。我们不能忘记，施虐是严重神经症的末期。因此，他所采用的这些理由依赖于产生施虐倾向的神经症结构。例如，依从型人会以爱的无意识伪装来奴役对方。他的种种要求也被归咎于他的需要。因为他太无助，或太忧虑，或太虚弱，对方就应该为他服务。因为他无法独处，对方就应该常伴他左右。通过无意识地证明别人使他有多么痛苦，他能间接地表达自己的责备。

攻击型人会不加掩饰地表达自己的施虐倾向，然而，这并不意味着他更能意识到这些倾向。他毫不迟疑地表现自己的不满、轻蔑与要求，但他除了觉得这是完全正当的之外，还觉得他只是直率。他也会将自己不考虑他人以及剥削他人的事实外化，还会明确表示他们对他有多不好，以此来威胁他们。

离群者在表达施虐倾向方面异常低调。他会悄无声息地挫败他们，通过他的回避倾向使他们觉得没有安全感，让他们觉得自己在束缚或干扰他，并暗自以让他们出洋相为乐。

但施虐冲动可能被压抑得更深，于是引起所谓的转换型施虐。这里所发生的情况是，这个人极度害怕自己的冲动，因而极力防止这些冲动被暴露给自己或别人。他会回避一切类似于主张、攻击或带有敌意的东西，因而会彻底且广泛性地抑制它们。

只需简要叙述就能说明这个过程带来了什么问题。要竭力阻止自己奴役他人就得压制发号施令的能力，更不用说要采取负责或保持领导的姿态。这导致患者在施加影响或给予建议方面过于小心谨慎，它还涉及压抑最合理的嫉妒。一个优秀的观察者也只会注意到，当事情不顺心如意时，这个人会有头痛、胃病或其他症状。

竭力阻止自己剥削他人会使自谦倾向引人注目。它表现在不敢表达任何愿望，甚至不敢有愿望；不敢反抗虐待，甚至不敢感觉被虐待；偏重于把别人的期望或要求看得比自己的更合理或更重要；情愿被剥削，也不愿维护自己的利益。这种人进退维谷。他害怕自己的剥削冲动，但又鄙视自己的谦逊，他认为谦逊是懦弱的表现。而一旦他（一如既往地）被剥削，他就会陷入无法解决的困境之中，可能会表现出抑郁状态或某些功能性症状。

同样，他不是挫败别人，而是过于担心不要使他们失望，要体贴周到，要宽宏大量。他会竭尽全力避免任何料想中会伤害别人感受的事，或会以某种方式羞辱到他人的事。他会凭直觉挑“美好的”来说，例如会提升他人自信的赞美之词。他不由自主地倾向于把责任推给自己，并一再地致歉。如果他必须做出批评，他会以最温和的形式。即使别人过分谩骂他，他也只会表现出“理解”。但同时，他又对羞辱非常敏感，并为此痛苦不堪。

一旦情感上的施虐冲动被压抑时，则会产生另外一种感觉，觉得自己无力吸引任何人。因此，一个人可能真心相信（常常无视反面证据）自己对于异性没有吸引力，相信自己必须满足于残羹剩饭。要说这种情况是自卑感，那只是用另一个词来形容这个人的有意识感受，以及只是他自轻自贱的表达方式。但这里与之相关的是，没有吸引力的观念可能只是一种无意识的畏惧，躲避玩征服与拒绝的激情游戏。在分析过程中，病人无意识地篡改了自己各种爱的关系的全貌，这点可能会逐渐明晰。还会发生一个令人费解的改变：“丑小鸭”开始意识到自己的渴望和吸引他人的能力，但一旦别人重视他的进步，他就会愤慨、轻蔑地仇视他们。

随之出现的人格状况具有欺骗性，而且很难评估。它与依从型人具有显著的相似性。事实上，虽然明显的施虐者通常属于攻击型，但受虐狂通常始于主导性依从倾向的发展。有可能，他在童年期受到了特别严重的打击，并被迫就范。他可能歪曲自己的感受，而且，他不是反抗压迫者，而是转为去爱那个人。随着他长大，也许大概到了青春期，冲突就会变得无法忍受，他就会求助于离群。但当他面对失败时，他就再也无法忍受象牙塔中孤立的状态。于是他似乎又回归到之前的依赖，但有一点差别：他对爱的需要非常强烈，以至为了不独处，他愿意付出一切代价。与此同时，他寻得爱的机会减小了，因为他的离群需要还存在，持续干扰他与某人接触的渴望。这种挣扎使他疲惫不堪，他开始绝望，并发展出施虐倾向。但他对人的需要如此迫切，以至他不仅要压抑自己的施虐倾向，还要竭力阻止它被揭露。

在这种情况下，与他人在一起是一种压力，尽管他可能没有意识到这点。他倾向于呆板与羞怯。他必须一直扮演一个与他施虐冲动相反的角色。很自然的是，他自己应该觉得自己真的喜欢人们，而一旦他在分析中意识到，他对他们完全没感觉，或至少非常不确定自己的感觉，他就会感到十分震惊。在这一刻，他倾向于把这个表面上的缺陷当作一个无法改变的事实。但实际上，他只是处于放弃伪装正面感受的阶段，而且他只是无意识地选择毫无感觉，而不是面对自己的施虐冲动。当他认识到这些冲动，并开始克服它们，才可能开始发展对他人的正面感受。

然而，在这种状况中，某些要素向训练有素的观察者表明这种施虐倾向的伪装性质。首先，可以看到他总是以某种隐蔽的方式威胁、剥削和挫败别人。他对他人往往有一种可觉察到但却是无意识的蔑视，在表面上是归因于别人低等的道德标准。此外，有大量行为特征指向施虐的不协调性。例如，这个人可能有时会忍受针对自己的施虐行为，似乎怀有无限的耐心，但另一些时候，又对最轻微的支配、剥削或羞辱表现得非常敏感。最后，他给人的印象是"受虐"，顾名思义，也即是沉浸于受害感。但由于这个词语及其背后的观念具有误导性，所以最好绕过它，改为描述相关的要素。因为受虐狂时常压抑自己，所以他在任何情况下都很容易受害。但是，除此之外，因为他在自己的软弱中深感恼火，所以他其实常常受到公然施虐者的吸引，赞赏他们的同时又痛恨他们——如同后者觉得他是个自愿的受害者，也会被他吸引。因此，他让自己妨碍剥削、挫伤与羞辱。然而，他非但不享受这种虐待，反而深受其苦。它所带给他的，是有机会通过别人来实施自己的施虐冲动，而不必面对自己的施虐。他可以感到无辜，并在道德上愤懑不已，虽然他同时又希望有朝一日能胜过这个施虐者，然后打败他。

弗洛伊德观察到了我所描述的这种现象，但他的推论削弱了他的发现。通过使它们符合他的整个哲学框架，他用这些发现来证明，不管一个人表面上有多善良，内在仍具有破坏性。实际上，这种状况是某种神经症的产物。

自从把施虐者视为性变态，或用复杂的术语来说他是一个刻薄恶毒的人，我们已经经历了一段漫漫长路。性变态相对比较罕见，一旦出现，也只是在表达对于他人的一般性态度。破坏性倾向是无可否认的，但一旦我们理解了它就会看到，在这些表面上缺乏人性的行为背后，有一个正在受苦的人。这样一来，我们就可能通过治疗而影响到这样的人。我们发现他是一个孤注一掷的人，他在向打败过他的生活索赔。

总结　神经症冲突的消除

我们越是意识到神经症冲突给人格造成的无限伤害，真正消除它们的需要就显得越迫切。但是，正如我们现在所明白的，由于这既不可能通过理性的决策，也不可能通过逃避，更不可能通过运用意志力来完成，那又怎么可能实现呢？唯有一条路：冲突只能通过改变形成冲突的人格条件来消除。

这是一种激进的方法，也是一种困难的方法。鉴于改变我们内心的任何东西都会遇到困难，我们会四处搜寻捷径也是非常情有可原的。也许，这也是为何病人和其他人总是会问：一个人看到了自己的基本冲突不就够了吗？答案很明显，还不够。

即使分析师在很早的时候只是辨别出他有多分裂，并能帮助他意识到这种分裂，这种见解也不会即刻奏效。它可能会带来一些舒缓，因为病人开始看到自己这些问题的具体原因，而非只是迷失在神秘不可知的阴霾中，但他无法将其运用于生活。因为仅仅感知到自己内心冲突的部分如何运作与彼此干扰的，并不能减轻其分裂程度。他听到这些事实就像听到一条陌生的消息，看似有理有据，但他不知道这对于他的含义。他一定会通过各种无意识的保留态度来使它无效。在无意识中，他会坚持认为分析师在夸大冲突的规模；如果不是因为外部环境，他一定会安然无恙；爱或成功能使他摆脱自己的不幸；只要远离人群，他就能逃避冲突；尽管平凡人的确不可能脚踏两只船，但他靠自己无限的意志力与智慧可以设法做到。或者，他可能无意识地觉得，分析师是个庸医或心有余而力不足的笨蛋，佯装职业性的乐观；分析师应该知道病人已经无可救药了——这意味着病人以自己的绝望感来回应分析师的建议。

由于这种内心的保留态度表明了一个事实，即病人要么依附自己特定的解决途径——这些对于他来说比冲突本身更真实，要么他对痊愈根本不抱希望，所以在可以有力地处理基本冲突之前，分析师必须先处理所有尝试及其后果。

寻找更易行的路引发了另一个疑问，弗洛伊德对于起源的强调使这个疑问更重要：一旦认识到这些冲突驱力，就与它们的根源和在童年期的表现联系在一起，这不就够了吗？答案仍然是否定的，而且在极大程度上，也是同样的理由。即使详尽地回忆早期经历，也无非只是使他对自己更仁慈、更纵容。

虽然，全面了解早期环境影响及其对儿童人格的改变并没有直接的治疗价值，但对我们研究神经症冲突所产生的环境有影响。[1]毕竟，最初引起冲突的是患者与自身和他人的关系上的改变。我在

[1] 普遍认为，这种了解还具有预防价值。如果我们知道哪些环境因素有利于儿童的发展，而哪些因素又会阻碍发展，就有办法预防后代神经症病例的产生。

之前的著作中描述过这种发展，[1]也在这本书前面的章节中描写过。简而言之，一个小孩可能发现自己处于某个环境中，这个环境威胁到他的自由、自发性、安全感、自信心——简而言之，他心理存在的核心。他感到孤立无助，所以他第一次试图把自己与他人联系起来，而这种联系并不取决于他的真实感受，而是策略性需要。他不可能只是喜欢或讨厌、信任或怀疑、表达自己的愿望或反对别人的愿望，而当然是必须要构思出应对他人的方法，而且以对自己危害最小的方式来操纵。这样发展出来的基本特征可能被概括为对自我与他人的疏远、无助感、无处不在的忧虑，以及对于自己人际关系中的敌意，这种敌意的范围是从一般的小心谨慎到具体的敌意。

只要这些条件还持续存在，神经症患者就不可能摆脱自己的任何冲突倾向。相反，引发冲突的内心需要在神经症的发展过程中还会愈发迫切。虚假的解决办法会使他与自己和他人的关系中的紊乱更严重，这意味着越来越不可能真正地解决。

因此，治疗目标只能是改变这些条件本身。必须帮助神经症患者找回自己，使他意识到自己真正的感受与需求，使他发展出自己的一套价值观，并使他在自己的感觉与信念的基础上将自己与他人联系起来。如果我们可以通过一些魔术实现这一切，那么这些冲突一定不攻自破。然而并没有这种魔术，所以我们必须知道要采取哪些步骤才能带来我们想要的改变。

由于每种神经症都是一种人格障碍，不管其症状有多戏剧化、

[1] 参见卡伦·霍妮:《精神分析的新方向》第八章，见前注;《自我分析》第二章，见前注。

有多不近人情，所以治疗的任务是分析整个神经症的人格结构。因此，我们越能清楚地界定这个结构及其个体变化形式，就越能准确地勾画出我们要完成的工作。如果我们相信神经症是围绕基本冲突而修建的保护性建筑，那么分析工作就能大概分为两个部分。一部分是仔细检查这个病人为消除冲突所作的无意识努力，以及这些尝试对他整个人格的影响。其中包括研究他的主导性态度、理想化意象、外化行为等全部内涵，无须考虑它们与潜在冲突的特殊关系。有人认为我们无法在冲突变清晰之前弄清和处理这些因素是具有误导性的，因为尽管它们产生于调和冲突的需要，但它们也有自己的生命力，它们有自己的分量，也能发挥它们的影响力。

另一部分包括处理冲突本身。这意味着不仅要让病人意识到冲突的大体轮廓，还要帮助他仔细看到它们是如何运作的，也即是，他那些产生于冲突的矛盾驱力与态度在某个具体情况中是如何彼此干扰的。例如，自我贬低的需要是如何通过受虐倾向而加强，又是如何阻碍他赢得一场比赛或在竞争中取胜，而同时，想要战胜他人的渴望又使胜利成为一种强迫性需要；或者，来源于各种原因的禁欲是如何干扰他对同情、爱与放纵的需要。我们还必须向他展示他是如何穿梭于两种极端之间的。例如，他如何在过于律己与过于宽己之间转换；或者，他将对自己的要求外化，这种外化如何通过施虐冲动而加强，如何与他无所不能与无所不宽恕的需要相冲突，以及他最后如何摇摆于谴责与赦免他人之间；或者，他如何在捞取所有权力与感觉自己无权之间转变方向。

此外，这部分分析工作还包括解释病人试图做出的所有调解与让步，诸如试图把以自我为中心与慷慨无私结合在一起、将征服与爱结合在一起、将控制与牺牲结合在一起。其中包括帮助他完全明白自己的理想化意象、外化行为等是如何被用来摆脱冲突的，如何掩饰冲突，又如何降低它们的破坏力。总之，要让病人彻底了解自己的冲突——了解它们对他人格的一般影响以及对他症状的具体影响。

大体而言，病人在每个分析部分都会表现出不同的阻抗。虽然分析了他尝试解决的途径，但他一心要保护他自己的态度与倾向中固有的主观价值，因而反抗一切针对他们本性的洞察。在分析他的冲突的过程中，他主要感兴趣的是证明他的冲突并不完全是冲突，从而模糊掉他的冲动是矛盾的这个事实，并贬低其重要性。

至于这些主题所应采取的顺序，弗洛伊德的建议自始至终都最为重要。他把药物治疗中有效的原则运用于精神分析，并强调，在解决病人问题的任何方法中，有两个考虑因素很重要：阐释应该是有益的，以及它不应该是有害的。换言之，分析师在心里必须产生两个问题：病人此时能够承受这个见解吗？以及，这个见解可能会对他产生意义并使他以建设性的方式思考吗？我们仍然所缺少的是一个明确的诊断标准——用以准确判断病人可以承受什么，以及什么有利于促进患者形成建设性的见解。病人之间的结构差异非常大，以至分析师无法在选择解释的时机方面有任何独断性的标准，但我们可以以这个原则为指导：在病人的态度发生改变之前，某些问题既无法有力地得到解决，也没有过度的风险。基于此，我们可以提出一些总是适用的措施：

只要病人一心要追寻被他当作救赎的幻影，让他面对任何主要冲突都是无益的。他首先必须看到这些追求是徒劳的，而且干扰了他的生活。用更简明扼要的话说，对尝试解决途径的分析应该先于对冲突的分析。我并不是说要极力避免提到冲突，这个方式需要多谨慎取决于整个神经症人格的脆弱性。如果向有些病人贸然指出他们的冲突，可能会使他们陷入惊慌中。而对于其他神经症患者，这些话毫无意义，只被当作耳边风。但从逻辑上讲，只要病人依靠自己的解决方式，并无意识地指望以此“得过且过”，我们就无法期望病人对自己的冲突有任何高昂的兴致。

另一个要谨慎开口的主题是理想化意象。在这里讨论在哪些情况下可以在早期处理理想化意象的某方面会使我们偏离主题。不管怎样，小心谨慎是可取的，因为理想化意象常常是病人觉得唯一真实的部分。此外，也可能是能给他自信、能防止他掉入自卑旋涡中的唯一要素。在病人能忍受任何对于他理想化意象的破坏之前，他必须获得大量真实的力量。

在分析的早期去处理施虐倾向无疑是徒劳无益的。部分原因在于这些倾向的表现与理想化意象形成鲜明对比。即使是在后期，意识到这些倾向也会让病人心怀恐惧与反感。但是，之所以将这部分分析推迟到病人不再那么绝望、更能随机应变的时候，更确切的原因在于：在他还无意识地相信自己只剩下替代性的生活时，就不可能有兴趣克服自己的施虐倾向。

在根据病人具体的人格结构做出不同的解释时，就可以运用同样的指导原则。例如，一个攻击倾向占主导的病人，他认为感觉情绪都是软弱的表现并对其加以鄙视，还褒扬一切看起来有力量的表现，这种态度及其所有影响都必须首先被彻底分析。优先考虑病人对亲近他人的需要是不对的，不管这种需要在分析师看来有多明显。病人会憎恨任何诸如此类的行径，觉得这威胁到他的安全感了。他会觉得自己必须提防分析师把他变成一个“好好先生”。只有当他更强大时，他才能够容忍自己的依从倾向与谦逊。对于这种病人，我们还必须暂时绕开绝望的问题，因为他会拒不承认这种感觉。对他来说，绝望具有他所排斥的自怨自艾的含义，而且意味着不光彩地承认失败。反之，如果依从倾向占主导，在能够处理任何支配或报复倾向之前，必须彻底分析所有涉及“亲近”他人的因素。而且，如果一个人认为自己是个伟大的天才或情人，要解决他对于被鄙视与被拒绝的恐惧就完全是在浪费时间，甚至更徒劳的是处理他的自卑。

有时，在初始阶段能够解决的问题很有限，尤其是当高度的外化作用与刻板的自我理想化结合在一起时——这是一种只接受完美无瑕的姿态。如果有某些信号向分析师揭露这种状态，那他就能节省大量时间去解释病人问题的源头，哪怕只是隐约暗示病人问题的源头在于他内心。然而，这个阶段或许可以触及理想化意象的具体方面，诸如病人对自己的过度要求。

熟知神经症人格结构的动力机制，也能帮助分析师更快速简洁地抓住病人在自由联想中想要表达的东西，以及应该在当前解决什么问题。他会从看似毫无意义的迹象中设想与预测病人人格的一个方面，从而可以把他的注意力直接对准需要注意的要素。他的状态就像一个内科医生，当发现病人咳嗽、夜间盗汗、下午疲乏，就会考虑患上肺结核的可能性，并据此引导他的检查。

例如，如果一个病人的行为总是充满歉意，总是称赞分析师，而且他的自由联想透露出谦卑倾向，分析师就会设想涉及“亲近”他人的所有因素。他会检查病人是否具有这种主导态度，而如果他找到进一步的证明，就会从各个可能的角度来尝试解决这个问题。同样，如果病人反复谈论令他感到羞辱的经历，并表明他也是由此来看待分析的，分析师就会知道，他必须处理病人对羞辱的恐惧。而且，他会挑选既是这种恐惧的来源又最能被接受的解释。例如，假如已经有部分理想化意象进入意识中，他就可能会将这种恐惧与病人需要肯定自己的理想化意象联系起来。此外，如果这个病人在分析过程中表现出惰性，而且谈到自己已经是命中注定时，那么，分析师就必须在可行的时机里处理他的绝望。如果这种情况出现在很早的时期，那分析师只能指出其含义，即病人放弃了自己。于是，他会试图告诉病人，他的绝望并不是来自真正绝望的处境，但却形成了一个可以弄明白并最终解决掉的问题。如果绝望在较后期表现出来，分析师也许可以更具体地将其与病人无法找到消除冲突的方法联系起来，或与他对达到自己理想化意象的绝望联系起来。

这些建议措施仍然给分析师的直觉留有充分的空间，也为他对病人的敏感留有余地。直觉与敏感依然宝贵，甚至是分析师应该努力发展到极致的必备工具。但是，运用直觉并不意味着这个过程只处于“文艺”领域，或只处于运用常识就足够的范围内。神经症人格结构的知识使得在此基础上的推理具有严格的科学性，使分析师能以严密、负责的形式来引导分析。

然而，因为个体在人格结构上的变化形式是无限的，分析师有时只能通过尝试错误的方式来工作。我说到错误，并非指一些严重的错误，诸如加入与病人相违的动机，或没有抓住他本质的神经症动力。我指的是非常常见的错误，即做一些病人还没准备吸收的解释。虽然严重的错误可以避免，但未风先雨的错误始终无法避免。然而，如果我们高度警惕病人对这种解释的反应，并以此为导向，就可以更快意识到这个错误。在我看来，我们过于强调病人的阻抗，强调他接受或拒绝某个解释，而不够重视他这些反应究竟意味着什么。这是不幸的，因为正是这种反应的所有细节表明了，在病人准备好处理分析师提出的问题之前必须先解决什么问题。

下面这种情况可以作为例证。一个病人意识到，在他的人际关系中，他对于对方提出的任何要求都表现得非常恼怒。即使最合理的要求也被视为压迫，最理所应当的批评也被视为侮辱。同时，他又不由自主地要求别人过度地奉献，并随随便便地表达尖酸刻薄的批评。换言之，他意识到自己应当得到一切特权，同时又否定对方的任何特权。他逐渐明白，这种态度就算不摧毁也会损害他的友谊与婚姻。到目前为止，他在分析过程中都表现得非常积极且卓有成效。但当他开始意识到自己态度的后果之后，就会陷入沉默，会略微有点抑郁和焦虑。一些自由联想也表明一种强烈的回避倾向，这显然与他之前渴望与女性建立良好关系的表现形成鲜明对比。回避冲动表明了他一想到亲密关系会有多无法忍受：他在理论上接受权利的平等，但在实践中却拒绝这个观点。虽然他的抑郁是对于发现自己处于无解困境中的反应，但回避倾向意味着他正在摸索一种解决的途径。当他意识到回避的徒劳，并看到除了改变自己的态度别无他法时，他就开始对自己为何如此难以接受亲密关系产生兴趣。此后的自由联想很快表明，在情感上，他只看到两种选择，要么拥有所有权利，要么什么权利都没有。他表现出一种忧虑，如果他放弃任何权利，他就再也无法为所欲为，而只能永远满足别人的愿望。这反过来又打开了他依从与谦虚的全部领域，尽管之前接触过这一块，但他从未看见过它们的所有深度与重要性。出于各种理由，他的依从与依赖非常强烈，以至他必须建立起一种虚假的防御措施来为自己捞取所有特权。在他的依从性仍然是一种迫切的内心需要时，要放弃这种防御就意味着自我湮没。在他能考虑改变自己主观想法之前，还必须分析他的依从倾向。

从这本书所讨论的所有问题中可以明确，我们研究一个问题绝不可能只通过一条途径，我们必须反复从各个角度来研究。这是因为，任何单一的态度都有各种来源，而且在神经症的发展中都担当着不同的功能。因此，举例说，息事宁人与“忍辱负重”的态度起源于对爱的神经症需要，只有解决了这种需要才能处理这种态度。只有当理想化意象动摇时我们才能重新审查。从这点来说，我们认为和解态度是病人觉得自己是圣人的表现。它还涉及避免摩擦的需要，我们在讨论他的离群需要时就会发现这点。此外，在病人害怕他人并需要极力避免施虐冲动显现时，这种态度的强迫性也会更为清晰。在其他例子中，病人对于压迫的敏感可能首先被当作一种来自离群倾向的防御态度，然后被视为他追求权力的投射，之后也许被视为外化、内心压迫感或其他倾向的表达。

任何在分析中得以明确的神经症态度或冲突，都必须从它与整个人格的关系上来理解，这就是所谓的“彻底解决”。它涉及如下步骤：使病人意识到这种倾向或冲动的所有显在和隐匿的表现，帮助他认识它的强迫性，并使他能够领会它的主观价值与不利后果。

当病人发现一种神经症特点时，倾向于通过立刻提出质疑来逃避检查：“这是怎么来的？”不管他是否意识到自己这么做了，他都希望通过转向其历史根源来解决这个问题。分析师必须阻止他逃到过去，并鼓励他首先检查这个特点涉及哪些问题——换言之，即鼓励他了解这个特点本身。他必须知道它特殊的表现方式、他掩盖它的手段以及他对它的态度。例如，如果病人对于表现依从的恐惧逐渐明晰，他就必须看到他有多憎恨、惧怕和鄙视自己任何谦卑的表现。他必须认识到自己无意识建立起的种种约束，这些约束的目的是消除他生活中所有依从的可能性以及与依从倾向相关的东西。于是，他会明白：这些明显相异的态度服务于同一目标；他麻痹了自己对他人的敏感性，以至意识不到他们的感受、渴望或反应；这使他完全不为别人着想；他遏制了他对他人的一切好感，以及被他人喜欢的渴望；他蔑视别人身上的温柔与善良；他不由自主地拒绝种种要求；在人际关系中，他觉得自己有资格喜怒无常、批评与苛求他人，但否定对方的任何这种特权。或者，如果突出的是病人的万能感，要让他意识到他有这种感觉并不够。他必须看到，他从早到晚都在给自己安排不可能完成的任务。例如，他认为自己应该火速写出一篇主题复杂的优秀论文；他期望自己表现自然，尽管疲劳也要容光焕发；在分析中，他希望自己在发现问题那一刻就解决这个问题。

接下来，病人必须意识到，他的行为是受某个倾向的驱使，而没有顾及（通常是违背）自己的渴望或最大利益。他必须认识到，强迫性是不加选择的，往往不会参考现实条件。例如，他必须看到，他找碴儿的态度既指向朋友，也指向敌人。他不管对方怎样表现就训斥对方：如果对方亲切友善，他就会怀疑对方于心有愧；如果对方维护自己，那他就是专横跋扈的；如果对方让步，他就觉得这个人是个懦夫；如果对方想要和他在一起，那这个人就太容易弄到手；如果对方拒绝某些事，那就是小气吝啬的；诸如此类。或者，如果要讨论的是病人不确定自己是否被需要或受欢迎，他就必须认识到，他的这种态度是不顾任何反面证据而持续存在的。理解某种倾向的强迫性还涉及认识自己对于该倾向受挫的反应。例如，如果出现的倾向是关于这个病人对爱的需要，那他就必须看到，他会为任何拒绝或不够友好的迹象感到失落和惊慌，不管这种迹象有多微不足道，或那个人对他有多不重要。

第一步向病人表明了他的问题到达的程度，而第二步使他明确了问题背后那些驱动力的强度。二者都能引发他进一步检视自己的兴趣。

当我们要检查某个倾向的主观价值时，病人自己往往渴望主动提供信息。他可能会指出，他对于权威或类似压迫的叛逆与反抗是必需的，甚至是自救型的，否则他早被一个专制的父母给掩埋了；优越感的观念有助于防止他去面对自己所缺乏的自尊；他的离群或

“无所谓”态度保护他不受伤害。这类自由联想的确是出现在防御态度中，但它们也可能透露真情。它们告诉我们有关最初为何会产生这种态度的种种原因，从而告诉我们这种态度的历史价值，并让我们更清楚病人的发展。但远不止于此，它们还能使我们明白这个倾向的功能。从治疗的角度看，这些功能具有最重要的好处。没有哪种神经症倾向或冲突只是过去的残遗物——而是一种可以说是一经建立就持续存在的习惯。我们可以确信，它取决于已有人格结构中的迫切需要。了解一种神经症特点最初是如何发展出来的价值是次要的，因为我们必须改变的是当前在起作用的各种驱力。

在极大程度上，任何神经症姿态的主观价值都在于它能均衡其他神经症倾向。因此，深入了解这些价值能给我们提供一个指标，向我们表明它们在具体情况中是如何运行的。例如，如果我们认识到，病人之所以无法放弃自己的万能感，是因为这种感觉使他把潜力误以为真实，把他辉煌的计划误以为现实的成就，那我们就能知道我们必须检查他在多大程度上生活于想象中。而且，如果他让我们看到，他这样生活是为了确保自己免遭失败，那我们的注意力就会针对那些让他预期自己失败以及一直害怕失败的因素。

最重要的治疗步骤是使病人看到这个问题的反面：他的神经症动力与冲突具有使他无能的作用。在先前的步骤中涵盖了这块工作的一部分，但有必要完善所有细节。只有这样，病人才会真的觉得需要改变。考虑到每个神经症患者都被迫维持现状，治疗过程中就需要一种足够有力的鼓动力来压过这些阻碍性的动力。然而，这种鼓动力只能来自他对内心自由、幸福与成长的渴望，还要认识到每种神经症困难都阻碍了这种渴望的实现。因此，如果他倾向于诋毁性的自我批评，那他必须看到，这种批评消磨了他的自尊，还使他不抱希望；它使他觉得不被需要，迫使他遭受虐待，这反过来又使他心怀恶意；它麻痹了他做事的动力和工作能力；为了不跌入自轻自贱的深渊中，他被迫采取防御态度，诸如自我膨胀、自我疏远以及对自己的不真实感，从而使他的神经症永存。

同样，当某种冲突在分析中逐渐明显，病人就必须要知道它对他生活的影响。在谦卑倾向与胜利需要的冲突情况中，他必须知道在受虐中那些束缚他的全部抑制作用。病人必须看到，他每次表现出谦逊行为的时候都会自轻自贱，还会对之前他奉承的那个人感到气愤；另一方面，他每次尝试战胜他人的时候，都会觉得自己很可怕，而且会害怕别人报复。

有时，即使病人开始意识到所有不利后果，还是没有兴趣克服这个神经症态度。相反，他的问题似乎渐渐隐去了。几乎不知不觉地，他把问题推到一边，而且一无所获。鉴于他已经看到他给自己带来的所有损害了，所以他的无动于衷是值得关注的。然而，除非分析师在识别这种反应方面十分敏锐，否则就可能忽视病人缺乏兴致。病人会提起另一个话题，分析师会接下去，直到他们再次陷入同样的僵局。直到许久之后，分析师才会意识到病人所产生的改变与工作量并不相称。

如果分析师知道这种反应有时是能预料到的，他就会问自己，病人内心哪些因素阻碍了他接受改变这种会带来一系列恶果的态度。这往往有很多因素，而且它们只能一点点地解决。病人可能仍然被绝望感所严重麻痹，因而无法考虑改变的可能性。他想要战胜分析师，并挫败他、让他觉得自己愚蠢至极，这可能比患者的个人利益更重要。他的外化倾向可能仍然很严重，以至尽管他意识到了这些后果，也无法将这种见解运用到自己身上。他需要感到无所不能，这种需要可能仍然非常强烈，因而即使他看到这些后果是不可避免的，但还是在内心持保留态度，认为他能够避开它们。他的理想化意象可能仍然很刻板，所以他无法接受自己的任何神经症态度或冲突。于是，他只是会生自己的气，觉得他应该能够征服这个困难，仅仅因为他知晓了这个困难。意识到这些可能性是很重要的，因为如果这些遏制病人做出改变的动力的因素被忽略了，精神分析就很容易退化到休斯顿·彼得逊所说的“狂热的心理”状态，一种以心理学为由的心理学。在这些情况下让病人接受自己就能带来一个明显的效果。即使冲突本身并没有改变之处，但他会深深感到舒缓，并开始表现出想要摆脱自己身处的迷网。一旦这种有利条件建立起来，很快就会带来改变。

无须说，以上描述并不意味着要论述精神分析的技术。我既不想讨论在这个过程中起恶化作用的所有因素，也不想囊括所有有疗效的因素。例如，我并没有讨论任何关于病人把自己所有攻防特点带到分析关系中而引起的困难或效益，尽管这是个很重要的要素。我所讨论的步骤只构成了基本过程，这些过程每次都要审查明显的新倾向或冲突。通常不可能按顺序进行，因为即使某个问题一目了然，病人也可能看不到。正如我们在僭取权力的例子中所见，一个问题可能只是先揭露另一个必须分析的问题。只要最终每一步都做到了，顺序也就不那么重要了。

由分析工作所带来的具体症状的改变，自然会因所处理的主题不同而变化。一旦病人认识到自己对无能的无意识愤怒及其背景，恐慌状态就可能平息。一旦他看到自己所处的困境，抑郁状态就可能消散。但每一次做得好的分析，还会给病人对他人和自己的态度带来一定的改变，不管解决的问题是什么。如果我们要解决一些不同的问题，诸如过分强调性、相信现实会如他所愿和对压迫过于敏感，我们就会发现，在这些问题上的分析几乎会以同样的方式来影响他的人格。不管分析的是哪些困难，敌意、无助、恐惧和疏远自己与他人都会减退。例如，让我们试想，疏远自我在每种情况中是如何减轻的。一个过度强调性的病人，只有在性关系与性幻想中才感觉自己活着；他的胜利与失败都限制在性领域之内；他觉得自己的唯一价值就在于性吸引力。只有当他明白了这种状态，他才会开始对生活的其他方面感兴趣，并从而拯救自己。一个人觉得现实受限于自己想象中的规划，也就看不见自己是一个有机能的人类。他既看不见自己的有限性，也看不到自己的现实价值。通过分析，他不再错把自己的潜力当作成就；他不仅能面对，还能觉得自己就是他的真实模样。一个人对压迫过于敏感，察觉不到自己的渴望与信仰，还觉得是别人在操控和强迫他。一旦分析了这种状态，他就会开始知道自己真正想要的是什么，因而才有能力去追求自己的目标。

在每次分析中，受压抑的敌意都会凸显出来，使病人一时更为恼怒，不管这种敌意的类型和来源是什么。但每次放弃一种神经症态度，失去理性的敌意就会减轻。一旦病人看到自己在困难中的责任，而不是外化，一旦他不再那么脆弱、那么恐惧、那么依赖、那么苛求等，他也就不那么有敌意了。

敌意主要通过减少无助来减轻。一个人变得越强大，就越不会觉得被他人威胁。力量的蓄积有各种来源：他转移到别人身上的重心停在了自己身上；他感到更积极主动，并开始建立自己的价值观；他会逐渐具有更多可用的精力，那些进入他抑制部分的精力被释放；他开始不再因为恐惧、自卑与绝望而那么受抑制和麻痹。他不是盲目服从、反抗或发泄施虐冲动，而是能够在合理的基础上做出让步，从而变得更坚定。

最后，尽管贬低已建立起来的防御措施会激起一时的焦虑，但有益地采取每一个步骤势必会减轻焦虑，因为病人不再那么害怕他人与自己了。

这些改变的一般结果就是改善了病人与他人和自己的关系。他不再那么孤立了，他变得更强大且不再那么有敌意，就这点来说，别人渐渐不再是需要他反抗、控制或逃避的威胁了。他能承受自己对他们的友好感觉了。随着外化作用被放弃以及自轻自贱的消失，他与自己的关系也改善了。

如果我们在分析中检查这些改变，就会看到产生原始冲突的条件都得到改善了。虽然在神经症发展的过程中，所有压力都变得更剧烈，但治疗走了一条相反的路。由于患者在面对无助、恐惧、敌意与孤立时产生的态度也变得越来越没有意义了，因而可以逐渐省去。的确，如果一个人有能力在平等位置上满足他人，为何要为了自己讨厌的人和践踏自己的人而抹杀或牺牲自己？如果一个人内心感到足够安全，能与他人一起生活和奋斗而不用一直害怕被湮没，又为何要对权力与认可持有无法满足的渴望？如果一个人能够去爱，能够不怕反抗，又为何要焦虑不安地避免与他人发生牵连？

做这项工作需要时间，一个人纠葛得越严重、受到的阻碍越多，就需要越多的时间。要是渴望在短期里完成精神分析的治疗，这是情有可原的。我们要看到更多的人能获取分析所能给予的全部益处，并认识到有益总好过无益。的确，神经症的严重程度全然不同，而轻微的神经症可以在相对短的时间里受益。虽然短期心理治疗中的一些尝试有望成功，但不幸的是，许多尝试都是一厢情愿，而且始终无视神经症中强有力的动力。对于严重的神经症，我相信要缩短分析程序，只能依靠更好地理解神经症人格结构，从而在摸索解释的过程中浪费更少的时间。

幸运的是，精神分析并不是解决内心冲突的唯一途径。生活本身即是一个医术高超的治疗师。任何类似的经历都可能十分显著地给人格带来改变。它可能是某个真正的伟人的鼓舞人心的事例；它可能是一种常见的策略，通过使神经症患者与他人亲密接触来将他带出那个以自我为中心的隔离中；它可能是与意气相投的人交往，因而没必要操控或逃避他们。对于其他情况，神经症行为的后果可能非常严重，或非常频繁，以至让神经症患者刻骨铭心，并使他不再那么害怕和刻板了。

然而，生活本身的疗愈作用并不是我们的关注点。我们无法安排艰苦、友谊、宗教体验去满足某人的需要。生活作为一个治疗师是冷酷无情的，有益于这个神经症患者的情况可能会彻底摧毁另一个患者。而且，正如我们所见，神经症患者认清自己的神经症行为并借此改进的能力非常有限。我们甚至可以说，如果病人获得了从自身经历中获益的能力，即如果他有能力检查自己在其所面临的困境当中有何责任并将这个认识运用于生活，分析工作就圆满结束了。

了解了冲突在神经症中的重要性，并认识到它们可以被解决，我们就有必要重新界定精神分析治疗的目标。尽管许多神经症病例属于医学范围，但用医学范畴来定义这些目标并不可行。由于心身疾病在本质上是人格冲突的最高表现，所以治疗目标必须以人格方面的术语来定义。

由此可见，我们的终极目标包含了大量具体的目标。病人必须获得对自己承担责任的能力，也就是能感觉到自己积极主动、生活中有尽责的动力、能做出决定以及承担后果。与此相伴的是承担对他人的责任，乐意承认他对于自己觉得重要的对象的义务，不管是他的孩子、父母、朋友、员工、同事、社区还是国家。

与此紧密相关的目标是获得内心的独立性，内心独立性指一个人对他人的观点和想法既非一味藐视，也非一味接纳。这主要意味着使病人能够建立自己的价值观体系，并将它运用到自己的现实生活中。至于别人，要尊重他们的个体性与权利，并以此作为亲密关系的基础。这与真正的民主观念是一致的。

我们可以用“感觉的自发性”这个词来定义这些目标，还有感觉的觉知与活力，不管是关于爱或恨，还是幸福或悲伤、恐惧或渴望。这包括表达能力和主动控制的能力。因为它极为重要，所以爱和友谊的能力应该在这里被特别提到；爱既不是寄生似的依赖，也不是施虐性的控制，用麦克姆雷[1]的话说，是“一种关系……它不带有超出其本身的目的；在这种关系中，我们与人交往，因为对人类来说，分享他们的体验是自然而然的事；要理解另一个人，要在共同生活中找到乐趣与满足；还在于对另一个人坦诚相待”。

最具广泛性的治疗目标是追求全心全意：不伪装，情感真诚，能让自己全身心投入自己的感觉情绪、工作和信念中。只有消除了冲突，才能达到这个目标。

这些目标并不随意，它们之所以是有效的治疗目标，也并非仅仅因为它们与每个时代的智者所追寻的理想相一致。但这种巧合并非偶然，因为它们正是这些精神健康所依赖的要素。我们设定这些目标是有道理的，因为在逻辑上，它们产生于我们对神经症致病因素的了解。

我们之所以敢于制定如此高的目标是因为我们相信人类关系是可以改变的。并非只有年幼的孩子才具有柔韧性，我们所有人都保留着改变的能力，甚至是从根本上进行改变，只要我们还活着。这个观念也得到了经验的支持。精神分析只是带来彻底改变的最强有力的手段之一，而我们越能理解神经症中的动力，就越有可能产生想要的改变。

---

[1] 约翰·麦克姆雷，见前注。

分析师和病人完全不可能实现这些目标。它们是我们要追求的理想，它们的实用价值在于给我们的治疗和生活指引了方向。如果我们不清楚理想的含义，就会陷入以新的理想化意象替换旧意象的危险。我们还必须认识到，这个目标也不在分析师将病人变成完人的能力范围内。分析师只能帮助病人自由地为趋近这些理想而努力，而这同样意味着给他一个成熟与发展的机会。

译后记

如果说，弗洛伊德理论所基于的人格假设可以比喻为“性恶论”，那霍妮的更像是“性善论”。她认为每个人都有成长与改善的能力，只要他还活着。换言之，她认为每个人的天性都是无害的，即使心理出现了困境，只要他愿意改变，永远都为时不晚。神经症患者与正常人只是程度上的差别，她说，神经症患者只是“一个人达到了神经症的程度”，而且神经症人格结构的成分与神经症患者所面临的外部困难都与正常人无异。这种观点也正是目前心理学界对于神经症的看法，不管“真相”如何——心理科学的目标也从来不只为真相，它必然是具有建设性的，不仅能有助于治疗神经症，还能为神经症患者提供一个更和善的社会环境，能更接纳与包容他们，而不是把他们视为病态甚至是变态，这在一定程度上无疑有益于神经症的治愈。

在这本书中，霍妮详细阐释了神经症冲突的痛苦，正因为如此痛苦，神经症患者被迫发展出一系列尝试解决冲突的途径。其中，可以归纳出三种适应模式，这三种模式也是三种神经症人格结构类型，即依从型、攻击型与离群型。此外，她还重点阐释了理想化意象与外化作用，还概括出减轻和消除焦虑的次级防御机制，主要包括盲点、间隔划分、过度自控等一系列辅助手段，并称之为保护性结构。她认为，神经症患者的这些尝试途径往往都是徒劳无益的，而且还是适得其反的，非但解决不了他们的神经症冲突，反而使他们的神经症问题陷入恶性循环。因此，唯有在弄清楚其人格结构的基础上，逐一击破这些途径，让患者认识到它们的本质与后果，才可能治愈他们的神经症。

因而，她还详细讨论了由未解决冲突所引发的种种后果，其中包括恐惧、人格贫乏、绝望与施虐倾向。当然，后果并不限于此，她在这里所提到的是最显著、最严重的后果。她认为，对于精神分析师来说，治愈神经症的必备前提就是完全理解与掌握这些知识。

由此，她界定了几个重要问题。首先，治疗神经症的对象应该是引起神经症的人格结构。其次，治疗并非直击人格结构，还要修通与之有关的防御机制，于是她解释了何为修通、需要修通哪些问题以及修通的顺序。最后，她还提出了治疗神经症的目标，即趋向健康人格的理想，尤为重要的是，她不仅说明了这个理想所包括的内容，还从操作性的角度阐明了这个理想具备哪些标准以及这些标准的具体含义。

同样，霍妮也讲述了她的理论是如何成形的，又是在何处何时与弗洛伊德背道而驰的，并一如既往地辨析了她与弗洛伊德的分歧，这些分歧不限于某一个或某一些概念，还包括基本的理论假设与个人的哲学态度，譬如神经症的根源、道德在神经症中的意义等。不仅如此，她也在某些观点上辨析了自己与其他精神分析学家的分歧，从而提出了具有建设性的见解。

值得一提的是，霍妮也提到了许多文学作品，既有西方文学中的经典，也有东方文化中的著作。她的解读虽然不如荣格的那么系统，分析也谈不上透彻，主要是因为她是将它们作为引证，作为支撑她理论的论据，但是，这些见解不仅能够帮助读者更好地理解她的理论，也使我们看到了这些作品中所涉及的心理内涵。

不管怎样，尽管我们有意识地回避说心理学理论也许是其创造者的心理活动产物，但是，霍妮的神经症理论确实与她的人生经历与体验息息相关。只是我们应该看到，各个时代的大师往往都有一段甚至几段对其人生产生影响的经历，无论好坏，无论是否是后人的过度解读，这些经历都有可能成为他们的创造性财富，霍妮无疑是其中的受益者之一。而对于神经症患者来说，这难道不是一件鼓舞人心的事吗？

杨柳桦樱